LE NID DE SERPENTS

Bataille pour l'Élysée
1993-1995

NOTRE ALLIÉ SADDAM, Olivier Orban, 1992.

CLAUDE ANGELI
et
STÉPHANIE MESNIER

LE NID DE SERPENTS

Bataille pour l'Élysée
1993-1995

BERNARD GRASSET

PARIS

Pour leur enquête, les auteurs ont rencontré des hommes politiques, des ministres d'hier et d'aujourd'hui, leurs conseillers officiels et officieux, des diplomates, des hauts fonctionnaires, des parlementaires, des journalistes...

Tous ces entretiens se sont déroulés à titre privé et nos interlocuteurs s'exprimaient d'autant plus librement qu'ils savaient que leurs informations et leurs réactions ne seraient pas publiées aussitôt, mais après un délai assez long.

La lecture de la presse, et naturellement celle du *Canard enchaîné*, a été fort utile.

C.A. et S.M.

Introduction

Itinéraire d'une rumeur
programmée pour « tuer »

« Les relations entre Balladur et son jeune directeur de cabinet, Nicolas Bazire, ne sont pas seulement politiques et professionnelles. Elles sont de nature intime et homosexuelle... »

Cette rumeur malsaine – une calomnie visant à « tuer » le futur candidat à l'Elysée – court Paris dès l'automne 1993[1]. Au regard de cette agression, les confidences malveillantes, toutes aussi

---

1. C'est en novembre 1993 que les auteurs ont eu vent, pour la première fois, de ce qui deviendra une campagne. Un conseiller de Jacques Chirac venait alors d'évoquer cette prétendue relation homosexuelle en présence d'un journaliste. Si « l'information » était fondée, le procédé serait tout aussi odieux.

fausses, et qui circulaient auparavant sur le prétendu stress du Premier ministre, surprennent, elles, par leur relative banalité.

Six mois après la formation du gouvernement Balladur, la haine est déjà absolue, et les plus farouches partisans de Chirac estiment que tout devient permis, même les procédés abjects. Pour enrichir le «dossier», on fait l'inventaire des anciens cabinets ministériels de Balladur pour y recenser les hommes jeunes.

Bientôt, la rumeur atteint l'Assemblée, le Sénat, les ministères et les journalistes politiques. Un conseiller de Mitterrand témoigne avoir assisté à des conversations sur ce thème, lors de plusieurs dîners en ville. Distillée puis colportée par des dizaines de simples bavards ou de jobards incorrigibles, la «nouvelle» gagne les couloirs du Conseil d'Etat, les bureaux du groupe Dassault, ceux d'autres entreprises nationales ou privées, puis les milieux gay et ceux du show-business[2].

Alerté par un ami, Edouard Balladur s'en montre très affecté, au point qu'il prend fort mal, en mars 1994, un article du *Nouvel observateur* décrivant ses relations avec Chirac. L'auteur

---

2. D'après un grand nombre de témoignages recueillis par les auteurs.

écrit : «Dans ce couple, Chirac incarne le chef, le mâle aux initiatives parfois intempestives. Balladur est la gouvernante qui rappelle sans cesse le maître de maison aux devoirs de sa charge[3].»

Deux mois passent et, avec bien du retard, une note des Renseignements généraux transmise à Charles Pasqua fait état de ces rumeurs. Le ministre téléphone aussitôt à Nicolas Bazire. «C'est très grave, lui dit-il. Il ne faut pas prendre de telles choses à la légère.» Et Pasqua confie à un motard le soin de remettre, en main propre, une copie de cette note au directeur de cabinet du Premier ministre.

Un autre rapport, établi cette fois par la DGSE, souligne, tout en mentionnant les mêmes faits, le danger qu'ils représentent, et le risque de voir cette machination ressembler à l'affaire Markovic dont les instigateurs voulaient, en 1968 et 1969, compromettre les ambitions politiques de Georges Pompidou.

Du mépris et de la résignation

Peu de temps après ces mises en garde, Nicolas

----

3. Le 10 mars 1994.

Sarkozy confie à plusieurs journalistes, mais sans entrer dans les détails, que les chiraquiens enquêtent sur la vie privée du Premier ministre. Plus loquace, le député balladurien Jacques Baumel s'insurge : «Nous sommes quelques-uns prêts à agir (...) prêts à imposer un code de bonne conduite pour éviter l'utilisation de procédés ou d'attaques indignes[4].»

En novembre, la rumeur s'emballe. Deux parlementaires chiraquiens de bonne souche qualifient Balladur de traître, en présence d'un de ses amis, et font référence «aux bruits qui courent».

Puis, le dernier jour de novembre, lors d'une remise de décorations par Roger Romani, ministre délégué aux relations avec le Sénat, l'épouse d'un ancien Premier ministre gaulliste déclare tout à trac à un Philippe Séguin interloqué : «Vous qui êtes un homme, vous devriez vous présenter à l'élection présidentielle.»

Nicolas Bazire exècre la calomnie et les hommes qui s'en délectent. Sa première réaction fut de prendre cette rumeur à la légère, en dépit des avertissements de Pasqua. Mais après le mépris vint la colère puis, pour finir, une certaine résignation.

---

4. Dans *Le Figaro* du 3 août 1994.

« Que faire ? s'interrogeait Bazire. Ce n'est pas le genre de rumeurs que l'on peut démentir par un communiqué... D'ailleurs, les mêmes qui me disent homosexuel ont des amis ou des chefs qui m'accusent en même temps d'apprécier les jeunes filles mineures. Et si, à ma place, il y avait réellement un homosexuel ? Ce serait encore plus terrible pour lui [5]. »

Tradition de mauvais goût

Ce n'est pas la première fois que des rumeurs viennent troubler une campagne présidentielle. Après Georges Pompidou, en 1969, Jacques Chaban-Delmas en fut victime, lorsqu'il posa sa candidature à l'Elysée, en 1974. Des dizaines de milliers de lettres anonymes, adressées aux électeurs, et de contenu différent, soit le disaient « demi-juif », soit l'accusaient d'avoir tenté d'assassiner sa première épouse.

En 1974 et 1981, avec les mêmes méthodes, d'autres corbeaux affirmèrent que les dirigeants

---

5. Interrogés par les auteurs, le Premier ministre et Nicolas Bazire n'ont pas souhaité réagir officiellement. Leur réticence peut en partie s'expliquer par la crainte d'entrer dans le jeu de leurs adversaires.

communistes connaissaient les numéros des comptes en Suisse de François Mitterrand, et que le PC tenait ainsi à merci son allié socialiste.

Si la rumeur prend parfois pour cible le candidat du camp d'en face, elle est surtout l'arme idéale pour écarter, lors d'une sorte de «primaires», un membre de sa propre famille politique. A un adversaire, on peut opposer un projet de société, un programme, quelques réformes. A l'ami devenu rival, rien, si ce n'est la critique violente de son ambition, voire de sa trahison.

En 1993, l'adversaire socialiste est fort mal en point et ne se relève pas de dix ans de gouvernement en deux septennats. Les affaires qui se succèdent se ressemblent et laissent croire que la politique n'est souvent que la recherche des fonds nécessaires à son exercice.

Les rares idées avancées, le débat dont chacun parle, tout n'est qu'apparence. Et les rumeurs – l'objectif est atteint dès que des milliers de personnes les répandent – sont l'expression perverse de ce grand vide. Elles révèlent la férocité du combat à droite, dans un «nid de serpents».

Leur bataille pour l'Elysée a commencé avant même les élections législatives de 1993.

CHAPITRE I

La discorde chez l'ennemi

Diviser pour tromper

Mitterrand est trop fin manœuvrier pour se laisser impressionner par la défaite annoncée. Dès la fin de 1992, en vieux renard politique, il tente d'échapper à un destin peu romanesque à son goût : l'inévitable et détestable nomination, en mars 1993, d'un Premier ministre aux couleurs du RPR.

A l'Elysée et à Matignon, nantis de l'autorité suprême mais pas toujours discrets, plusieurs conseillers multiplient les interventions maladroites. Des magistrats lyonnais se voient aimablement priés d'accorder un non-lieu à François Léotard dans sa médiocre histoire de gentilhommière achetée à bas prix. Cynique, un membre de la Cour élyséenne justifie l'intrigue : «Léotard est un personnage fragile et un excellent diviseur, une pierre dans le jardin de la future majorité.»

Lors d'un déjeuner, en janvier, organisé chez son ami François de Grossouvre, Mitterrand force le trait et, avant même le dessert, complimente Léotard sur ses qualités politiques. Ce que le futur ministre de la Défense, d'une naïveté sans égale, prend pour argent comptant. Puis, en visite à Fréjus, le 14 février 1993, le Président en rajoute. Il s'isole longuement avec Léotard, dans son bureau de maire, et lui laisse deviner le plaisir qu'il aurait à le voir jouer un rôle de premier plan dans le futur gouvernement, l'autorisant ainsi aux rêves les plus insensés.

Pour semer la discorde et les germes d'une cohabitation féroce au sein de la droite, pendant laquelle les prétendants au trône se dévoreraient entre eux, Mitterrand mise aussi sur Michel Noir qu'il espère protéger de la vengeance et des dénonciations de Pierre Botton, son gendre et son mécène.

Mobilisé en défense, le fidèle Michel Charasse a joué les garde-fous au ministère du Budget. Pendant trois ans, il a négligé de transmettre au parquet de Lyon l'excellente enquête réalisée par ses propres fonctionnaires de la direction régionale des impôts. Et, notamment, les «éléments constitutifs d'abus de biens sociaux» qui auraient permis de charger Michel Noir.

Echec, pourtant. Le maire de Lyon, dont le dossier judiciaire s'alourdit vite, est trop mal en point pour pouvoir contrarier les ambitions de Chirac. L'Elysée devra trouver mieux pour négocier l'avenir, en s'efforçant de séduire des personnages plus convenables. Par exemple, Raymond Barre, un anti-RPR de conviction, ou l'incontrôlable Philippe Séguin dont on vante, auprès de Mitterrand, «les remarquables qualités de nuisance».

Un juge à l'affût

«Il faut s'attendre à des moments difficiles», avoue un fidèle du Président, qui s'inquiète bien moins de l'échéance électorale que des «affaires» en promotion dans divers palais de justice.

L'ennemi principal est connu, et la vindicte du juge Thierry Jean-Pierre obsède l'Elysée. Repliée dans son fortin du faubourg Saint-Honoré, l'équipe présidentielle s'attend au pire de cet inquisiteur au teint blafard et au menton têtu.

15

Ce magistrat, qui se dit déçu par la gauche, traque Mitterrand au détour de chacune de ses enquêtes, avec la ténacité d'un chasseur de scalps. Méticuleux, il épluche les dossiers du parti socialiste, ceux de Patrice Pelat et les comptes en banque de cet ami très cher – trop cher – du Président.

Dès novembre 1992, la Cour élyséenne s'alarme de ses dernières trouvailles : quelques chèques de Pelat d'un faible montant, mais fort gênants, au nom de François Mitterrand, et datés des années soixante-dix, suivis d'autres, après 1981, destinés cette fois à son fils Gilbert. Plus grave, ce juge honni s'intéresse au prêt d'un million, accordé par le même Pelat au Premier ministre Bérégovoy[1].

Les intentions malignes du magistrat pourraient servir de tremplin à un Chirac qui, selon Mitterrand, «mise sur une élection présidentielle anticipée, peu après mars 1993. Une victoire assurée pour le maire de Paris...». Et chacun, à l'Elysée, d'imaginer déjà des manifestations hargneuses organisées par les vainqueurs, au lendemain du désastre législatif. Et pourquoi pas

---

1. Le 2 février 1993, *Le Canard enchaîné* révèle l'existence de ce prêt.

même, une atteinte à la majesté du souverain, lorsqu'il remonterait les Champs-Elysées, en voiture découverte, le 14 juillet 1993?

L'Elysée veut rester branché

La victoire de la droite est si probable, la politique étrangère si absente de la campagne électorale, que personne ne s'irrite d'entendre Clinton proclamer sans complexes, dans son discours d'investiture, le 20 janvier 1993, que «l'Amérique doit continuer à conduire le monde», et préciser que ce permis de conduire s'obtient «avec l'aide de Dieu». Volonté confirmée lors des négociations sur le GATT ou sur la politique agricole, et envolée dès qu'il s'agit de la Bosnie.

Mais peu importe l'entrée de ce saxophoniste joufflu à la Maison-Blanche. Seul le débat franco-français et l'après-mars 1993 passionnent les politiques, les médias, les instituts de sondages et l'Elysée où l'on ne pense qu'à protéger la fin de parcours du Président.

Depuis plus d'un an, Mitterrand s'est préparé à cette échéance, et ses collaborateurs ont pratiqué l'art du possible. A savoir, éviter que l'Elysée soit isolé, coupé de certaines informations impor-

17

tantes, comme cela avait été trop souvent le cas de 1986 à 1988, Chirac régnant à Matignon.

Sans illusions, le Président sait que les vainqueurs voudront nettoyer le terrain et que trois de ses fidèles, occupant des postes stratégiques, passeront à la trappe à peine la défaite consommée. Pierre Verbrugghe, préfet de police de Paris et bête noire de Jacques Chirac, sera écarté dès le 30 avril 1993, quelques mois avant Claude Silberzahn et Jacques Fournet, respectivement patrons de la DGSE et de la DST[2].

Une série de mesures sont donc prises pour faire échec à toute tentative de priver l'Elysée de ses sources d'information habituelles. Un terminal informatique, dérivé du chiffre des Affaires étrangères, permet à la présidence de recevoir les télégrammes diplomatiques au même moment que le Quai d'Orsay et l'Hôtel Matignon.

«Pour empêcher Mitterrand de lire certains télégrammes, il faudrait introduire un système de codes d'accès, ce qui constituerait une faute grave. Faute que le Président pourrait sanctionner en exigeant la démission du coupable, voire du ministre des Affaires étrangères», explique,

---

2. Direction générale de la sécurité extérieure et Direction de la surveillance du territoire.

satisfait, un diplomate socialiste. Selon le même principe, une connexion informatique est établie avec le Centre opérationnel des armées.

Enfin, dans les semaines qui précèdent les législatives, se multiplient les promotions de fidèles dans la haute administration et les ambassades, pour sauver quelques réseaux mitterrandiens. Et, suprême habileté, le Président accroît ses «pouvoirs de nomination» en Conseil des ministres, où il peut exercer un droit de veto.

Les bras ouverts à Raymond Barre

Une fois le naïf Léotard séduit avant d'être ministre et le malheureux Michel Noir abandonné avant d'avoir servi, Mitterrand jette son dévolu sur un homme qu'il sait méchant, ce qui n'est pas pour lui déplaire, et dont il parle avec estime, Raymond Barre. Un mois avant les législatives, le Président l'invite à l'Elysée.

Dans l'hypothèse où le RPR et l'UDF obtiendraient des scores équivalents dans la majorité, Mitterrand propose à son hôte de le nommer Premier ministre.

Raymond Barre, dont la dernière manifestation d'enthousiasme doit dater de son premier bac, est comblé d'aise. Un retour à Matignon, une belle claque aux Chirac et Giscard, cela le ravirait. Mais il reste prudent.

Mitterrand est prêt à l'aider, et de bon cœur. «Je ne tiens pas à voir un RPR à Matignon», répète-t-il. Raymond Barre déguste le propos mais sait ce qu'il risque : «J'aurai l'hostilité fondamentale du RPR qui me considère comme dangereux. Vous pourriez en subir les conséquences. Pour moi, qu'il y ait pareil risque, cela compte peu.» Reste à espérer un bon score de l'UDF.

Le 25 mars, quatre jours après le premier tour des législatives, dernier Conseil des ministres et quelques larmes essuyées devant les caméras, Mitterrand fait ses adieux à ses fidèles du mercredi.

Giscard croit alors le moment venu d'entrer en scène. Si l'âge rend souvent incapable d'entreprendre, il ne freine pas toujours le désir. L'ancien Président rêve de nouvelles fonctions, de nouveaux honneurs. Ses arguments sont imparables : il est prudent de confier les rênes du gouvernement à des mains expertes, à un vétéran respectueux de la fonction présidentielle.

A Roland Dumas, qu'il considère comme le meilleur des messagers, l'ancien Président dit qu'il est prêt à faire, une fois encore, le don de sa personne. Il accepterait d'être nommé Premier ministre, si le Président le souhaitait.

Mais Mitterrand n'a que Barre en tête et seulement un dédain indulgent pour ce Giscard qui croit encore disposer d'un avenir, et pouvoir s'inscrire dans les petits complots élyséens. En dépit de cette rebuffade, Giscard s'obstinera. En 1994, il envisagera même de se représenter à l'élection présidentielle, concédant que s'il manquait peut-être de maturité lors de son premier mandat, ce n'était plus le cas.

Quarante-huit heures avant le second tour, Mitterrand renouvelle à Raymond Barre son désir de le voir à Matignon. «Seulement en cas de succès net de l'UDF sur le RPR, répond le professeur d'économie. Pensez d'abord à vous.» Abnégation réitérée le lendemain au téléphone : «Monsieur le Président, n'oubliez pas votre intérêt», insiste Barre. Comme si c'était le genre de Mitterrand de n'y point songer.

Les cauchemars de l'Elysée

La déroute électorale, impressionnante, ne change rien aux rapports de déférence. Dans l'adversité, les courtisans serrent les rangs et boivent plus que jamais les paroles du Président, dont ils vantent encore l'éminent degré de perfection. « Ils n'admettent pas que la défaite soit d'abord celle de Mitterrand », affirme un peu vite un témoin des sinistres soirées électorales vécues à l'Elysée. « Et ils se félicitent ouvertement de l'échec personnel de Rocard, dans sa circonscription de Conflans-Sainte-Honorine. »

La semaine précédant le second tour, l'équipe présidentielle est au supplice. On soupçonne Chirac et ses partisans, mis en appétit, de vouloir organiser des manifestations de joie sur les Champs-Elysées, voire aux portes du Château. Avec des cris et des banderoles « Mitterrand démission ! » que les caméras françaises et étrangères se feraient un plaisir de filmer.

Chirac et Pasqua l'ont d'ailleurs réclamée, cette démission, suivis d'Alain Juppé qui, vindicatif, déclare : « François Mitterrand finissant doit rendre à la France le service de s'en aller. » Et Giscard n'en pense pas moins, à l'inverse de Balladur, qui taxe ces propos de « peu convenables » et « d'emportements de fin de campagne ». Quant à Léotard, il « ne croit pas que ce soit là le désir profond des Français ». Peut-être s'imagine-t-il déjà à Matignon ?

Mais Mitterrand, théâtral et dramatisant

plus que nécessaire, rassure ses partisans, lors du dernier Conseil des ministres de gauche : «Je ne me laisserai pas égorger dans l'ombre.»

CHAPITRE II

Balladur s'émancipe

« Et si je devenais
plus populaire que vous ? »

Très vite, personne ne souhaitera plus un départ anticipé de Mitterrand. Bien au contraire. Sa présence à l'Elysée, jusqu'en 1995, permet à chacun de mesurer ses forces. A Chirac « le bientôt trahi », de guetter, en les espérant, les faux pas et les échecs du Premier ministre. A Balladur « le futur traître », de sculpter son image d'homme d'Etat, d'additionner les sondages réjouissants. Et à tous deux d'être gagnés par le désir de tuer – la première, et parfois la seule, des qualités du politique.

Le 29 mars 1993, quelques heures seulement

après le second tour et la victoire éclatante d'une droite qui inonde l'Assemblée, *Le Figaro* laisse entrevoir que les deux hommes finiront par se déchirer. Franz-Olivier Giesbert, qui connaît bien Chirac et Balladur, affirme d'abord que le couple se comprend, se concerte, s'entend parfaitement. Pourtant, le journaliste sent déjà venir les premières perturbations, prémices d'un orage annoncé. Et il mentionne «les risques de discordances les plus sérieuses (...) sur le GATT, par exemple».

Il ne sera pas nécessaire d'attendre le mois de décembre et les négociations sur le GATT pour que les relations entre Chirac et celui qu'il considère, à tort, comme son protégé, se détériorent. Dès la nomination du Premier ministre, le maire de Paris encaisse les vexations. «Ne vous inquiétez pas, avait-il dit quelques jours plus tôt à Balladur. Aussitôt que le Président m'appelle, je le renvoie vers vous...»

Or, à l'Hôtel de ville, le téléphone reste muet. Mitterrand n'appelle pas et Balladur marque son indépendance en négligeant de consulter Chirac sur la composition du gouvernement. Il ne fait même pas l'effort de lui en parler. A la demande du tout nouveau Premier ministre, Jacques Friedmann, l'ami commun, ira remettre la liste des heureux élus à un Chirac qui ne tient plus en place.

«Il a été très vexé, raconte un ministre. Et il a tout de suite compris qu'il ne pourrait pas gouverner par personne interposée. Balladur lui échappait déjà.»

Ce gouvernement est bien trop centriste-mou, au goût de Chirac et la cohabitation s'annonce trop «courtoise». A la réunion du conseil de Paris, le jour suivant, il affiche une humeur de dogue.

«Il réclame sans cesse le silence, en martelant son bureau avec son bâton de président, raconte un témoin. Il semble nerveux, irascible et tout le monde le remarque. Surtout quand Balladur part, suivi et entouré par bon nombre d'élus parisiens empressés. Ce n'était plus le Chirac qui, trois jours plus tôt, employait, face aux caméras, un ton déjà présidentiel...»

Sans doute Chirac se souvient-il alors d'une conversation datant de quelques mois, de cette curieuse question que Balladur lui avait posée, sur ce ton doucereux qui est le sien : «Et si je devenais plus populaire que vous?» Puis de la réponse qu'il lui avait faite, pour éviter de le froisser : «Je serais enchanté, Edouard, d'avoir mon meilleur ami à l'Elysée.»

Balladur populaire? Et à l'Elysée? Impossible à imaginer pour un Chirac qui, à l'époque, ne doute pas un instant de son destin.

«Certain que Balladur n'aurait jamais la cote, commente un ministre RPR, il pensait qu'Edouard irait au charbon, prendrait les coups, et que lui, Chirac, arriverait à la fin comme Zorro, avec son cheval et son lasso. Mais il n'a pas de cheval, et son lasso, il l'a oublié.»

«*Il ne faut pas que Balladur tienne deux ans*»

La guerre s'annonce déjà. Dans l'équipe Chirac, les plus avertis s'y préparent. «Il ne faut pas que Balladur tienne deux ans, prédit l'un d'eux. Sinon, c'est foutu pour Jacques.» Et imitant ceux qui, mis à l'écart, sont toujours convaincus que le gouvernement n'en a pas pour longtemps, il ajoute : «En septembre prochain, ça va chauffer, les fonctionnaires ou les autres... Quant aux banlieues, ça risque de péter. Et si ça va mal, le Front national peut monter à 18-20 %. Alors, ça voudrait dire Delors à l'Elysée en 1995!» Puis, sans manière, cet anxieux avoue que tous ses amis s'inquiètent : «Comment se situera Chirac, par rapport à Balladur, dans les futurs sondages présidentiels? Un peu devant, à égalité, ou juste derrière?»

Bonne question et mauvaises prévisions. Dès les premiers sondages, Balladur s'envole. Au siège du RPR et à l'Hôtel de ville, si certains ricanent encore, en l'appelant «l'Intérimaire», le cœur n'y est plus.

Pasqua retrouve ses meubles

Le gouvernement, «restreint» selon la volonté de l'économe Balladur, manque de muscle au goût des disciples de Pasqua.

«Avec une pareille équipe, ça ne sera pas la guerre contre Mitterrand, s'indigne l'un d'eux, trois jours après la formation du gouvernement. Chirac est satisfait de voir que Charles n'est pas ministre de la Défense, qu'il n'a donc pas la tutelle des services de renseignement, et pas non plus à se mêler de politique africaine... Il a même demandé à Roussin de surveiller les visées de Pasqua sur l'Afrique.»

C'est que Chirac se méfie, il connaît «son» Charles. Il sait aussi l'importance des amitiés africaines, et de celles des chefs d'Etat qui peuvent se montrer généreux avec leurs amis français, à la veille d'une campagne électorale...

Mais Pasqua n'a pas l'intention de se laisser enfermer dans son ministère policier. A peine installé place Beauvau, il en plaisante avec sa petite équipe de séides, presque la même qu'en 1986 : «Les gens de Roussin disent qu'il faut "défoccartiser[1]" et "dépasqualiser" l'Afrique. "Défoccartiser", je vois ce que cela signifie. "Dépasqualiser", je ne comprends pas. Alors j'ai fait venir Roussin dans mon bureau et je lui ai dit que s'il veut la guerre, il l'aura!»

Le «petit-fils de berger», comme aime à se définir ce ministre atypique, appréciant les zones d'ombre et féru de diplomatie parallèle, ne limitera pas ses ambitions à la seule Afrique francophone. En Algérie, en Iran, en Irak, au Soudan, et même dans les républiques musulmanes de l'ancienne Union soviétique, ses émissaires «en affaires délicates» – la formule les amuse – iront porter la bonne parole de Pasqua, y sonder les cœurs et recueillir des informations réservées à lui seul.

---

1. Jacques Foccart fut le conseiller du général de Gaulle et de Georges Pompidou pour les affaires africaines. Il est encore aujourd'hui le chef de la cellule africaine du candidat Jacques Chirac.

Le patron du Quai d'Orsay, le chiraquien Alain Juppé, pourra toujours pester, Balladur laissera faire. L'indispensable Pasqua est un atout maître pour qui lorgne le fauteuil élyséen.

Dans l'autre camp de la nouvelle majorité, Giscard, faute d'avoir obtenu l'Hôtel Matignon, propose à nouveau ses services. Il sollicite l'aval de Mitterrand, en téléphonant à Michel Charasse : «Je souhaite me présenter à la présidence de l'Assemblée nationale», annonce-t-il, avec l'espoir d'obtenir un vote favorable d'une partie du groupe socialiste contre le candidat RPR. Il ne sera pas entendu et déçu, il s'évitera la peine de ce combat perdu d'avance[2].

D'ailleurs, le nombre de ses partisans a fondu et dans son ancien clan, on ne respecte plus guère «ce mandarin à la longévité étonnante», comme dit alors Léotard qui emménage rue Saint-Dominique, au ministère de la Défense.

Nouveau venu dans un univers d'officiers bureaucrates ou baroudeurs, Léotard confond encore les grades de ses visiteurs, mais peu importe. Il soigne sa démarche, qu'il veut martiale, ses cheveux, bien disciplinés, son image, trop peu

---

2. Philippe Séguin, député RPR des Vosges, est élu au second tour président de l'Assemblée nationale, le 2 avril 1993.

intellectuelle. Et comme il sait n'avoir convaincu personne en 1986, quand il besognait au ministère de la Culture, Léotard souhaite gommer le souvenir de ses mauvais débuts. Il tente, par exemple, d'impressionner Dominique Garraud, de *Libération*, en lui confiant que deux grands esprits exercent une influence sur son intellect : Françoise Giroud et Bernard-Henri Lévy. Impressionnant, en effet.

Dîner de têtes à l'Elysée

«Philippe Faure, venez à mon cabinet.» Depuis plusieurs années, Balladur apprécie le sens politique de ce jeune diplomate de quarante-trois ans, qui a quitté le Quai d'Orsay où un bel avenir lui semblait pourtant promis, pour exercer ses talents dans une société d'assurances. Des talents, il en a d'autres, et qui comptent aux yeux du Premier ministre : on le dit radical, plutôt à gauche, et son père, Maurice Faure, est un vieil ami de François Mitterrand.

Aussi, Balladur lui confie-t-il une mission précise : établir une relation discrète et solide avec l'Elysée. Une relation moins officielle et plus franche que celle déjà instaurée entre Nicolas Bazire, directeur du cabinet de Matignon, et Hubert Védrine, secrétaire général à la présidence.

Philippe Faure, qui affecte de mépriser «les réactionnaires que compte le RPR et même le gouvernement», ne désire pas rejoindre le cabinet de Matignon. Mais la mission l'intéresse et, certains l'en envieront, le bureau de Balladur lui sera toujours ouvert.

Reste à désigner l'interlocuteur élyséen. Ce sera Michel Charasse, célèbre depuis son passage au ministère du Budget, et connu par son embonpoint, ses bretelles, ses havanes, sa vulgarité entretenue et son affection pour Bernard Tapie. Ses qualités, diversement goûtées, même à l'Elysée, pèseraient peu s'il n'avait l'oreille du Président.

Le 13 avril, deux semaines seulement après la formation du gouvernement, Philippe Faure se rend à l'Elysée où Charasse l'a convié à dîner. Vaguement inquiet – ne dit-on pas que ce diable d'homme enregistre les conversations? –, Philippe Faure jauge Charasse, se rassure et, au fil de leurs rencontres régulières, tous deux finiront par se tutoyer et s'apprécier.

Dès ce premier dîner, les règles du jeu sont définies. S'instaure alors la liaison la plus importante de la cohabitation, du moins la première année, et la plus discrète aussi[3]. Les deux hommes feront en sorte d'éviter toute crise. Que ce soit à propos des lois Pasqua sur l'immigration et le droit d'asile, ou de la révision de la Constitution; ou encore au moment de la prolongation du moratoire sur les essais nucléaires, puis de la crise résultant de la réforme de la loi Falloux.

Mais au soir du 13 avril 1993, Michel Charasse et Philippe Faure n'en sont encore qu'au début de leur relation. Ils se concertent déjà sur les têtes à changer – il y en aura beaucoup –, et Philippe Faure explique que le Premier ministre souhaite «gérer» tranquillement ses deux ans à la tête du gouvernement, jusqu'en 1995. Ce que Michel Charasse déchiffre ainsi : la cohabitation doit se dérouler sans accroc, de la manière la plus imperméable aux critiques de la majorité, et le Premier ministre veut l'Elysée.

Une candidature en pointillé qui n'est pas pour déplaire au conseiller du Président car, en

---

3. Au bout d'un an environ, Mitterrand a estimé que ces rencontres, entre son conseiller Charasse et Philippe Faure, n'étaient plus aussi nécessaires. Pas seulement pour des raisons politiques, les rumeurs sur sa santé qui circulaient dans les dîners en ville, et qu'il attribuait pour une part importante à l'indiscrétion de Matignon, l'ont vivement blessé. Les entrevues Charasse-Faure se sont espacées.

dialecte charassien, les ambitions des Chirac, Giscard et Rocard «le gonflent souverainement».

Informé par Charasse, mais n'avait-il pas déjà flairé la chose?, Mitterrand ironise, devant quelques proches : «Quand Balladur entre dans mon bureau, il m'observe pour évaluer mon état de santé. C'est évident, il souhaite que je me porte bien, pour continuer à exercer ses fonctions jusqu'en 1995. Il ne veut surtout pas d'une élection présidentielle anticipée...»

Lors de ses entretiens réguliers avec Balladur, le Président montre une chaleur calculée. Cet orgueilleux qui ne se targue que d'être lui-même, oublie parfois la politique ordinaire et s'intéresse alors aux lectures du Premier ministre. A la fin d'une de ces pages culturelles, Mitterrand conclut, féroce : «J'ai connu des Premiers ministres avec qui je pouvais difficilement parler de littérature.» Et Balladur, flatté, de comprendre que Chirac et Rocard figurent au nombre de ses prédécesseurs méprisés.

Une consolation, peut-être, car deux ministres ont eu, à l'égard de Balladur, le verbe plus acide. Tel Alain Juppé qui, dans *La tentation de Venise*, lui décoche cette flèche : «Il en rajoute visiblement dans le style plus ennuyeux que moi tu meurs.»

Ou Alain Madelin qui, un an plus tôt, dans un entretien publié par *Globe*, percevait ainsi le personnage : « Balladur ? Un poignard sur un coussin de velours. »

Quelques couronnes de trop
pour Bérégovoy

Vingt-quatre heures après le suicide de Bérégovoy, dans la nuit du dimanche 2 mai 1993, François Léotard est le premier homme politique à réagir. Avant même que Laurent Fabius, Michel Charasse et Roland Dumas n'attaquent la presse, il remet un article que *Le Monde* publie dès le lendemain.

Dans ce drame, il voit un « meurtre », la première expression d'un « fascisme de l'avenir », la préfiguration d'un « holocauste de la dérision ». Et il conclut en évoquant un « canard enchaîné à son mensonge ».

L'émotion serait plus convaincante, malgré le propos délirant, si François Léotard n'avait été la cible de plusieurs articles du *Canard* sur ses acrobaties immobilières, financières, ses inculpations, sa piscine creusée à la main et son fameux mur.

Délire à nouveau, le 6 mai, quand Léotard

s'écrie : «Avec le *Canard,* ce sera un combat de Titans!» Certains journalistes qui l'entourent, ce jour-là, dans son bureau ministériel, se mordent les lèvres. Peut-être Léotard veut-il en rajouter sur la diatribe de Mitterrand aux obsèques de Bérégovoy : «Toutes les explications du monde ne justifient pas qu'on ait pu livrer aux chiens l'honneur d'un homme.»

Et le ministre aux prétentions titanesques de se livrer à une explication de texte devant ses auditeurs : «Je ne regrette aucun des mots utilisés dans mon article du *Monde*... "Holocauste?" Cela va continuer, il y aura d'autres morts. "Fascisme culturel?" Les méthodes du fascisme consistent à assener le mensonge pour qu'il devienne vérité. "Meurtre?" On tue avec des mots.» Et rassasié, il conclut : «Le terme de chiens est trop faible.»

Le Figaro pense mal

Partisan de Balladur et exécré par les chiraquiens, François Léotard constate tristement, au lendemain de la parution de son petit pamphlet, que *Le Figaro* tire à vue sur lui.

Le 5 mai, long article sur «le feu vert accordé

au juge pour le délit de corruption dans l'affaire de Port-Fréjus». Le 7, deux commentaires au vinaigre sont jugés dignes de paraître dans le courrier des lecteurs. L'un s'étonne du «manque de dignité» du ministre de la Défense. L'autre dénonce «cette tentative de profiter du décès de Pierre Bérégovoy pour s'exonérer de la présomption de toute culpabilité (morale sinon judiciaire)». Et ainsi de suite, jusqu'à son second non-lieu, Léotard subira du *Figaro* une douloureuse mercuriale.

Inhabituelle dans les colonnes de ce quotidien, cette marque d'irrespect à l'égard d'un ministre d'une majorité amie ne pouvait qu'horrifier Alain Peyrefitte. Lors d'une réunion du comité éditorial du *Figaro*, cette grande conscience s'insurge : «Est-ce le rôle de notre journal de jouer les gardes du corps du *Canard enchaîné*?» Question qui provoque cette repartie ironique d'un collègue de l'académicien : «Bah! *Le Canard* a bien publié un dessin de Faizant censuré par Villin[4].»

---

4. Le 28 avril 1993, un dessin de Faizant, prévu pour la une du *Figaro* est censuré par Philippe Villin, vice-président du quotidien. On y voyait deux policiers interpellant Balladur, consultant ses papiers et l'interrogeant : «Né à Smyrne, hein?» Réponse de Balladur : «Maintenant, on dit Izmir!»
Une telle référence à sa naissance en Turquie aurait sans

L'ambitieux vice-PDG du bien-pensant quotidien, Philippe Villin, un énarque de trente-huit
ans qui se pique de journalisme, voulait éviter un
nouveau conflit avec le Premier ministre. Car les
relations sont franchement mauvaises. Villin inspire des éditoriaux critiquant la gestion balladurienne de l'économie, et préconisant une «politique monétaire» fort différente. Et comme il ne
doute jamais de rien, Philippe Villin n'hésite pas
à signer parfois ces diatribes.

Un paquet de huit légions d'honneur, accordées d'un coup, le 14 juillet, à des représentants
de ce puissant groupe de presse, suivi d'un déjeuner du Premier ministre avec le grand patron,
Robert Hersant, autant d'efforts inutiles. *Le Figaro*
ne retrouve pas la raison et Balladur finit par
s'emporter. A sa demande, une enquête préliminaire est ouverte, au parquet de Paris, sur les
conditions d'achat du quotidien *Les Dernières nouvelles d'Alsace* par la famille Hersant.

L'avertissement portera. A la fin de l'année, le
22 novembre 1993, Peyrefitte lance les invita-
tions à un «déjeuner de réconciliation», organisé
au *Figaro*. Mais Balladur a la mémoire longue et

---

doute froissé le Premier ministre, et Villin ne souhaitait pas en
rajouter.

la rancune tenace. Face aux hiérarques du journal, attablés et déférents, il feint, méprisant, de
découvrir une vérité première : «S'il y a une
presse d'opposition de gauche, il y en a aussi une
de droite...»

CHAPITRE III

Querelles de famille

Premières embuscades

Inimaginable, pour Jacques Chirac et sa garde rapprochée, de laisser Balladur s'épanouir sous les lambris dorés de Matignon. Le 12 mars, avant même les élections, Bernard Pons avait lourdement insisté à Europe 1 : «Le Premier ministre devra venir rendre compte, chaque semaine, à l'Hôtel de ville.»

Furieux, Balladur avait fait savoir que de tels propos étaient inacceptables, et qu'il ne pouvait être question de gouverner sous surveillance. Mais Chirac, s'il décida alors de calmer le jeu et de contenir l'ardeur de ses troupes, avait bien l'intention de s'ingérer dans les affaires d'autrui.

41

Dès le 23 avril, ses mauvaises intentions se confirment. L'Interministériel, qui permet de joindre directement les ministres et certains hauts fonctionnaires, est raccordé à son bureau de la mairie de Paris. «Le procédé est scandaleux», s'insurge Léotard devant les membres de son cabinet.

Deux semaines plus tard, Chirac moins agressif que son lieutenant Pons, annonce qu'il entend occuper la place lui revenant de droit. Aux côtés du gouvernement, insiste-t-il, dont l'action doit permettre de remporter «la victoire majeure».

Mais, en dépit de l'Interministériel, cher à l'amour-propre de Jacques Chirac, le fossé se creuse entre l'Hôtel de ville et Matignon. «Au début de la cohabitation, Chirac venait tous les mardis, se souvient un conseiller de Balladur. Ça allait, il ne faisait pas trop la gueule. Il avait compris que ce n'était pas au Premier ministre de se déplacer à l'Hôtel de ville, comme l'avait demandé Bernard Pons. Tout s'est gâté lorsque Séguin a critiqué le gouvernement, et que Chirac n'a pas réagi. Il a dès lors cessé ses visites.»

Balladur, qu'ils ont eu naguère quelque peine à admettre dans la «famille», exaspère les chiraquiens. Non content d'évoluer sous les projecteurs, il devient maintenant la coqueluche des sondés. En juin et au début de l'été, les jalousies, les critiques et les sobriquets fleurissent. A l'UDF comme au RPR, on le juge trop gestionnaire, trop mou, trop tiède.

Tout est prétexte à querelle : les premières discussions sur le GATT, sur le «franc fort», le plan de restructuration des armées, la politique économique que Philippe Séguin taxe de «Munich social» dans un discours public, sans que Chirac ne bronche. Pas plus qu'il ne réagit quand Jean-Louis Debré, secrétaire général adjoint du RPR surnommé par les balladuriens «Un Debré au-dessous de zéro», enfonce le clou : «Le vrai patron, c'est le maire de Paris. Entre le mouvement et lui, il existe un lien charnel.»

La lutte fratricide n'en est encore qu'aux prodromes et, parfois, les rapprochements étonnent. Ainsi, lors du déjeuner des dirigeants de la majorité, le 25 mai, à Matignon, Giscard monte seul au filet et critique le projet de Balladur d'augmenter la CSG, suggérant même de le reporter. Le Premier ministre le renvoie prestement dans les cordes : «Je n'y consentirai d'aucune manière.» Chirac, présent et muet, compte les points en feuilletant des papiers.

Dans la majorité, où l'incident fait grand bruit, on tente de donner le change, on se félicite avec des sourires jaunes de la «vitalité du débat». Mais à l'Hôtel de ville, l'alarme est sonnée : «Ou Chirac réagit rapidement, ou il sera enterré. S'il ne veut pas se planter pour les présidentielles, il doit se bouger.»

Pas question de jouer un fauteuil pour deux

«L'Elysée, Edouard Balladur y pense depuis plusieurs années, concède, souriant, l'un de ses partisans. Et pour lui le chemin de la présidence passe par Matignon.»

Pasqua, en conseillant à Chirac d'accepter Matignon, l'avait mis en garde : «Si Balladur échoue, tu échoues; mais s'il réussit, il réussit seul.»

Un instant ébranlé par cet argument, Chirac avait hésité, et Balladur, peu chaud pour jouer les seconds rôles, s'était aussitôt braqué : «Si vous décidez d'être Premier ministre, je ne participerai pas à votre gouvernement[1].»

Le maire de Paris avait trop mal vécu ses deux ans de cohabitation avec Mitterrand, pour re-

---

1. Cité par Franz-Olivier Giesbert dans *La fin d'une époque* (Fayard-Seuil).

nouveler cette expérience traumatisante. Il avait bien pensé à Alain Juppé, pas encore prêt selon lui, mais le choix de Balladur s'imposait.

Un de ses partisans l'explique ainsi : « Le Premier ministre a beaucoup compté pour Chirac. En 1986, c'est ensemble qu'ils ont constitué le gouvernement. Et Chirac lui soumettait toujours ses discours. Dans les années qui ont suivi l'échec à la présidentielle de 1988, Chirac téléphonait à Balladur presque tous les matins à huit heures et demie. Et parfois, plusieurs fois par jour. »

Dans son esprit, la division du travail allait de soi : Edouard, les affaires courantes, et moi la préparation de la présidentielle.

A voir. Depuis 1992, et les connaisseurs l'avouent, Balladur se montrait gourmand de sondages. Il fallait tous les lui fournir. Façon de préparer, avec minutie, son arrivée à la tête du gouvernement.

Le plaisir d'occuper Matignon, il avait failli y goûter en 1986, mais il s'en était bien gardé : « C'était une très mauvaise idée (de Chirac), et je lui redisais à chaque occasion : j'étais un inconnu, sans position dans aucun parti, ne tirant quelque autorité que de mes relations avec lui[2]. »

_____

2. Dans *Passion et longueur de temps, dialogues avec Jean-Pierre Elkabbach* (Fayard).

En 1993, son ambition dévorante l'emporte, avec l'occasion de forger sa légitimité d'homme d'Etat. Alors au diable les amitiés de «trente ans». Balladur avait d'ailleurs prévenu son monde, «l'évangélisme en politique», il n'y croit pas [3].

Déluge de compliments à l'Elysée

Ce n'est pas de gaieté de cœur que Mitterrand s'est résolu à désigner Balladur. Mais très vite, et en le clamant presque, l'équipe élyséenne se félicite de la courtoisie et des excellentes manières du nouveau Premier ministre. «C'est évident que l'on préfère discuter avec un homme affable, très respectueux de la fonction présidentielle, plutôt qu'avec un hystérique», s'amuse à dire un conseiller de Mitterrand, dans une allusion à peine voilée au chef du RPR.

Juste retour d'ascenseur et de relative affection, les gens de Matignon se plaisent à souligner cette bonne entente et les si naturelles qualités du Président. On est bien loin du portrait de Mitterrand tracé par Balladur, avec un brin de préten-

---

3. *Passion et longueur de temps*, op. cit.

tion, en 1988 : «Il considère souvent les choses de trop loin. (...) Sur les affaires militaires, il se contente trop souvent de faire siennes les opinions des années soixante. (...) Il méconnaît les réalités, qu'il dédaigne parce qu'il les ignore. (...) Ce qui me frappe, c'est la nature même de son ambition. Je la trouve limitée. (...) Il lui manque sans doute également d'être visionnaire[4].»

Balladur ne lit plus son journal avec des gants

Oublié le Balladur si suffisant, qui rechignait à serrer les mains, amoureux du protocole et semblant toujours sortir, à la minute même, d'un grand salon bourgeois. L'homme a réfléchi et admis que son personnage, même sans particule, rappelait trop l'Ancien Régime. Aussi le portrait que publie, le 30 mars, le quotidien *Les Echos*, est-il bien démodé : «Edouard Balladur met des gants pour tenir son journal, seul au fond de sa Safrane. "J'ai la hantise des mains propres", confie-t-il.» C'est sur cet ancien Balladur que pariaient les chiraquiens.

---

4. *Passion et longueur de temps*, op. cit.

Mais comment diable est-il devenu si populaire? «Balladur a bénéficié de la mémoire courte des Français», concède un de ses proches. Et d'ajouter, avec mépris : «Et lui n'a pas de conseiller en communication, alors que Chirac en a trois, sans compter sa fille Claude qui se mêle de tout.»

Le Balladur nouveau est serein, compétent, clair et rassurant. Il ne veut rien promettre, ou le moins possible, mais il fait de son mieux. Il inocule chez ceux qui l'écoutent un léger complexe d'infériorité : est-on vraiment digne de juger sa politique? Débordant de dévouement, Balladur est mûr pour l'onction suprême. Pour lui, la messe est dite.

En face, le choc est mal vécu. «Chez Chirac, ce sont les neurones qui ne vont pas», siffle, perfide, une grosse pointure du RPR. Le maire de Paris a quelque peine à se débarrasser de cette image de grand nerveux, imprévisible et dangereux, qui lui colle à la peau. «Il faut "déguignoliser" mon père!» serine Claude Chirac, omniprésente, qui lui téléphone à tout propos, n'hésitant pas à interrompre par trois fois un déjeuner en tête à tête avec un journaliste.

Difficile pour Chirac de trouver sa place, de justifier maintenant son ambition présidentielle, face au favori des sondages et des centristes. Soucieux de prouver qu'il ne s'enferme pas dans le débat hexagonal, il occupe son été en s'envolant pour Tokyo, Moscou, Vienne, Berlin, Londres, en attendant Washington. Les Parisiens l'ignorent mais le budget «relations internationales» de leur ville vient de grimper de 13 %.

Pourtant le voyageur ne marque pas de points. Au retour de chaque périple, Chirac découvre un nouveau sondage favorable à son «ami de trente ans», devenu l'ennemi à abattre.

CHAPITRE IV

Le point de non-retour

«Je suis davantage soutenu par Mitterrand... »

L'intérêt national, ce fourre-tout des programmes politiques, Chirac et Balladur ont dès avril 1993 quelque peine à en donner la même définition.

Démonstration parfaite à la fin juillet, quand les spéculateurs s'en donnent à cœur joie contre le franc. Le plus fameux d'entre eux, Georges Soros, celui qui fit naguère chuter la livre britannique, se prononce pour une dévaluation de 3,6 % de la monnaie française face au mark allemand. Et comme par hasard, c'est dans *Le Figaro* que Balladur découvre ce mauvais coup du gourou de la spéculation.

Chirac qui, il y a peu, harcelait chaque jour Balladur au téléphone – pour tout et n'importe quoi, légions d'honneur, nominations... – joue les abonnés absents. A Matignon, où l'on comprend bien que le désamour et les sondages trop favorables se paient, chacun accuse le maire de Paris de se réjouir d'une défaite annoncée sur le front monétaire. Mais ce silence hostile, qui selon Balladur encourage les ennemis du franc, ne peut durer sans risque.

Alors, abandonnant tout orgueil, le Premier ministre quémande et appelle à l'aide. Cette fois, c'est lui qui harcèle le président du RPR, pour qu'il daigne accorder son soutien au gouvernement dans cette mauvaise passe. Mais l'autre, qui vient de reprocher à Balladur, en petit comité de la majorité, de «mener la même politique monétaire que Bérégovoy», se fait tirer l'oreille.

Pendant trois longues journées, Chirac savoure le plaisir de croire qu'on ne peut gouverner sans lui, et prolonge cette douce jouissance dans sa réponse au vœu de Balladur.

Car s'il consent enfin à s'exprimer sur la défense du franc, le 24 juillet, c'est par un modeste communiqué de trente-quatre mots, rédigé en partie chez Juppé, et dicté à l'AFP par un non moins modeste collaborateur de l'Hôtel de ville. Balladur comprend bien le message, encaisse l'affront et ne sollicitera plus jamais le concours de pareil ami. «Mieux vaut pâtir de l'agressivité d'un adversaire que de l'infidélité d'un ami», aime-t-il à répéter.

Spectateur intéressé de ce médiocre conflit, le représentant à Paris d'une importante société financière américaine s'étonne du silence des défenseurs du franc. En connaisseur, il avoue au *Canard enchaîné* ce que ni Balladur, ni Chirac ni Mitterrand n'ont l'audace d'expliquer clairement aux Français, peut-être inquiets pour leur monnaie ou leur portefeuille d'actions : «Britanniques et Américains, affirme cet expert, ont un objectif précis : faire sortir le franc du Système monétaire européen pour torpiller toute possibilité de monnaie commune européenne.»

«C'est un comble! constate Balladur, amer. Dans cette affaire, j'ai été davantage soutenu par Mitterrand que par Chirac.» Exact, le Président ne tient pas à voir Chirac bousculer son Premier ministre. Et il lui renouvelle son appui, le 16 août, dans le quotidien *Sud-Ouest* : «Cette crise a été suivie sans désemparer par le Premier ministre et par moi-même et nous n'avons cessé de nous entretenir de l'évolution des choses. »

Chirac comprend alors, mais un peu tard, qu'il a mis à côté de la plaque. Avec une belle audace, il rectifie le tir en s'attribuant un rôle imaginaire, dans une confidence au *Monde*[1] : « Nous avons corédigés, Edouard Balladur et moi, tous les communiqués relatifs à la crise monétaire. Non que je ne fusse assez grand pour les rédiger moi-même... Mais dans une affaire aussi délicate, il faut être complètement à l'intérieur pour bien mesurer le poids des mots. A la virgule près, j'ai donc considéré qu'il fallait que cela soit coordonné. » Des propos démentis sans tarder par Matignon, où l'on entend les dents grincer.

Car s'ils réjouissent l'esprit, les bons sondages ne permettent pas de gouverner sans nuages, et Balladur en fait l'expérience depuis plusieurs mois. « J'en connais particulièrement deux qui tablent sur mon échec », se plaint-il. Et de désigner Séguin et Giscard. « Chirac est resté muet quand l'un et l'autre m'ont attaqué. »

---

1. Le 2 septembre 1993.

Séguin choisit son camp

Philippe Séguin, le plus virulent, avait ouvert le bal, dès le 27 avril, en lançant devant le Conseil national du RPR et en présence d'un Balladur au regard absent : «Jacques Chirac doit être le prochain président, il saura conduire la France sur les chemins du renouveau.» Depuis, le président de l'Assemblée ne se lasse pas de répéter que le gouvernement dort, rafistole ou bricole, et sans rompre avec la politique de Bérégovoy, «qui est celle de Monsieur Trichet, directeur du Trésor», persifle-t-il, le sourcil froncé et le nez coléreux.

Le 16 juin, lors d'un colloque sur l'emploi, il attaque au sabre : «Nous vivons depuis trop longtemps dans un Munich social.» Et de fustiger «ce catéchisme simpliste et dérisoire qui nous invite à attendre la reprise». Suit une explication de texte distillée cette fois en petit comité, un sourire méchant aux lèvres : «Balladur n'a pas l'ombre d'une idée neuve ou le début d'une audace. Ce gouvernement va s'écraser contre un mur. Moi, je n'ai pas le goût du suicide.»

Le Premier ministre encaisse aussi mal les critiques méprisantes de Séguin que le silence complice de Chirac. «Je considère que vous auriez dû condamner ces propos», fait-il savoir au maire de Paris. Sans obtenir la moindre marque de solidarité.

Complices de Séguin, et chacun dans un style doctoral, Bernard Pons puis Giscard. Le premier joue la mouche du coche, comme le 31 mai, au Grand Jury RTL-*Le Monde* : «Si, le moment venu, les résultats ne sont pas au rendez-vous, il faudra envisager autre chose.» Quant à Giscard, il table ouvertement sur l'échec de Balladur. De retour d'un voyage en Chine, il se rend, le 25 mai, au déjeuner des dirigeants de la majorité à Matignon, et revêt la robe du procureur, le crâne aussi luisant qu'un caillou mouillé, pour tancer le Premier ministre : «Votre plan est mauvais, il ne marchera pas, je vais vous expliquer pourquoi.»

L'explication, assortie de chiffres, donnera à Balladur une furieuse envie de hausser les épaules, mais ce n'est pas dans ses manières. Quelques heures plus tard, Giscard récidive devant les députés UDF réunis à l'Assemblée. Il en rajoute même et se flatte de tenir la dragée haute à l'hôte de Matignon qu'il considère comme un usurpateur.

Les soucis d'un chef d'équipe

Le prétendu usurpateur se soucie sans doute moins des foucades de Giscard que des carences de plusieurs ministres. Simone Veil, par exemple, qui ne travaille guère, mais c'est son travers habituel. Pierre Méhaignerie, aussi, incapable de calmer Eric de Montgolfier, ce procureur médiatique qui n'en finit pas de fustiger Bernard Tapie sur tous les tons. Ou encore le ministre de l'Economie. «Balladur lui mène la vie dure, ironise Jean-Claude Trichet, directeur du Trésor[2]. Et Alphandéry rougit alors comme une jeune femme hystérique.» Autre excellence à problèmes, François Léotard, bavard, qui médit en permanence des Pasqua, Chirac, Juppé ou Giscard, et toujours trop sûr de lui.

Ainsi, le 26 mai, sans la moindre concertation, Léotard dévoile brutalement un plan de restructuration des armées, accompagné de dissolution de régiments ou de bataillons. Ce qui lui vaut une volée de bois vert de Bernard Pons, allié à une escouade de parlementaires RPR ou UDF,

---

2. Jean-Claude Trichet sera bientôt nommé gouverneur de la Banque de France.

furieux de la disparition de «leurs» casernes. Une rébellion qui atteint Balladur par ricochet.

Mais comme les sondés sont toujours aussi nombreux à se déclarer ravis de leur Premier ministre, le clan chiraquien se délecte de fausses confidences. Balladur aurait les nerfs fragiles, du mal à trouver le sommeil. Feignant la compassion, on le dit surmené, stressé, fragile. Ce n'est d'ailleurs qu'un avant-goût des rumeurs, plus pernicieuses, qui vont bientôt courir Paris.

CHAPITRE V

Saint-Edouard
et le dragon du GATT

Un silence bruyant

Le manque d'ambition en politique étrangère reste un vice très partagé. Et quand la vision est courte, quand cette politique s'élabore au coup par coup, comme c'est le cas depuis plusieurs années, le gouvernement navigue à vue.

Certains diplomates prennent la chose avec résignation : «Aujourd'hui, on envisage la politique extérieure uniquement comme un moyen d'asseoir une image de chef d'Etat.» D'autres se réfugient dans la dérision : «Aucune initiative en ce domaine, et comme on pèse bien peu sur le plan international, on la ferme.»

Mais pas toujours. En mai 1993, l'état-major américain, qui semble se soucier de la sécurité des Casques bleus comme d'une guigne, transmet à ses homologues français et britannique une liste de cibles potentielles en Bosnie – des routes, des ponts, des dépôts d'armes et de munitions, le tout dans des zones habitées.

Clinton refusant toujours d'envoyer un seul de ses soldats sur place, la réaction est vive. Mitterrand et Balladur dictent à Léotard une réponse à la sauce gaullienne : «Nous ne voulons pas d'une action unilatérale des Etats-Unis.» Et le Président, grinçant, ironise en présence de l'amiral Lanxade, patron des armées : «Les Américains aiment faire la guerre à 12 000 mètres d'altitude.»

Vient ensuite le temps de la concertation. Le 22 mai, réunis à Washington, Européens, Américains et Russes établissent un «programme commun d'action» qui prévoit six «zones de sécurité» pour protéger les populations civiles. Ce plan ne sera que très modestement appliqué, et les fameuses «zones» compteront leurs morts sans que les Alliés réagissent vraiment.

Devant les caméras françaises, Alain Juppé feint pourtant de juger satisfaisant ce médiocre accord de Washington. «Un bon accord, dès lors qu'il entérine les options européennes », déclare à son tour Mitterrand, le 28 mai, alors que, quatre jours plus tard, à Europe 1, son dévoué Roland Dumas joue les procureurs et affirme, avec un esprit de contradiction inhabituel, que les Alliés baissent pavillon.

Mais personne ne s'en offusque. Et quand Pasqua, en franc-tireur, lâche au même micro un brutal : «J'ai honte !», destiné au trio Mitterrand-Balladur-Juppé, sa mauvaise humeur tombe aussi bien à plat.

Pavane pour une Bosnie défunte ?

Le Premier ministre finira par découvrir la Bosnie et, le 12 août, devant les caméras de France 2, il énoncera, d'une voix basse et posée, quelques vérités premières du genre : «C'est un échec grave pour l'Europe.» Un constat qui passera inaperçu tant est pesant le silence des politiques. Lesquels ne semblent se passionner que pour des faits divers : l'interminable feuilleton des affaires Tapie, les performances sur autoroute de son témoin de moralité Jacques Mellick ou le faste des obsèques du roi Baudouin. Ce décès vaut à la Belgique de recevoir les plus vives condoléances de la France officielle et compatissante. Un flot de déclarations attristées auxquelles n'ont pas droit la Bosnie en feu, le Liban sous les bombes israéliennes ou l'Algérie qui fait des débuts réussis en guerre civile.

Souvent, en politique et en diplomatie, le verbe vaut action, et les confidences à la presse remplacent avantageusement un engagement réel. Mais cette fois, rien ne vient. «Depuis les élections de mars 1993, c'est le règne des bouches cousues», ricane un ambassadeur français.

Qu'en est-il alors du fameux «domaine partagé», cet avatar du «domaine réservé» tant célébré naguère? Une succession de déclarations volontaristes sur le franc en difficulté, et sur un Système monétaire européen devenu très élastique.

Un pays qui manque de voix

Les grands chefs n'auraient-ils rien à dire d'important? Mais si. Mitterrand consacrera une partie de son temps d'antenne, le 14 juillet, à défendre Bernard Tapie et à lui décerner une sorte de grâce présidentielle. Et si Chirac reste muet sur les malheurs du Liban où il se trouvait quelques semaines plus tôt, à l'invitation de son ami Rafic Hariri, chef du gouvernement, c'est qu'il tient à perdre une réputation de «pro-arabe».

Alain Juppé, en revanche, a toujours voulu se distinguer. Avec la forfanterie du débutant, il proclamait à la tribune de l'Assemblée, dès le 21 avril, que «le gouvernement, depuis qu'il est en fonction, a choisi le langage de la clarté et une attitude de fermeté». Plus tard, s'entendant plutôt bien avec Mitterrand et pas du tout avec Pasqua qui, sans la moindre gêne, empiète sur les prérogatives du Quai d'Orsay, Juppé se calmera. Mieux, il formulera, le 11 août 1993, la première remarque intelligente sur la crise algérienne : «Le statu quo actuel n'est pas tenable.» Une invitation au dialogue avec les islamistes et l'opposition que les généraux d'Alger taxeront, à juste titre d'ailleurs, d'ingérence dans les affaires d'autrui.

Quant à Balladur, on l'a vu, après quatre longs mois passés à Matignon, il trouve à peine le temps de consacrer quelques phrases insipides à la guerre de Bosnie. C'est que la future négociation des accords du GATT[1] mobilise toute son

---

1. Accord général sur les tarifs douaniers et le commerce, qui cherche à promouvoir le libre-échange.

énergie. Il sait que là, Chirac l'attend au tournant.

Coincé entre le risque d'une crise internationale à laquelle son gouvernement est incapable de faire face, si la France refusait de signer ces accords, et un Chirac qui l'accuserait de se coucher devant la puissante Amérique, le Premier ministre intrigue.

L'homme du Financial Times

L'enjeu est de taille : comment amener les Français à admettre pareille signature, quand on leur a répété sur tous les tons, avant même de remporter les élections, que le pré-accord de Blair House[2] était inacceptable, tout comme les règles du commerce international définies par le GATT.

Jusqu'à la fin de l'année 1993, la fermeté est de rigueur. Balladur offre aux caméras son visage grave. Un hochement de tête, un geste qui invite

---

2. Le 19 novembre 1992, les Etats-Unis imposent à la Communauté européenne un compromis agricole – c'est le pré-accord de Blair House –, rejeté par le gouvernement français. Ce qui a pour effet de bloquer les négociations sur le GATT.

à la modération, voilà toute sa véhémence. Les Français doivent se convaincre que l'affrontement avec les Etats-Unis est inévitable. Mais, à quelques semaines de l'échéance, Matignon commence à modérer son discours : il faut obtenir un « bon accord ».

Pour calmer la partie, Balladur et ses proches collaborateurs ont multiplié les contacts. Avec François Périgot et le CNPF, avec Antoine Riboud et plusieurs autres grands patrons, avec Charles Millon, les centristes et Roland Dumas en renfort du côté socialiste. Matignon les encourage tous à s'exprimer en faveur de la signature des accords, et à « réduire » ainsi le risque Chirac.

L'idée de Balladur est d'aller vite. Il y a trop d'anti-GATT qui se manifestent, trop d'articles de presse dans le même sens, trop de réserves exprimées sur les antennes. Bref, l'anti-américanisme aidant, la signature de la France, même après un bon compromis, pourrait apparaître comme une défaite du gouvernement bradant l'intérêt national.

Le Premier ministre, lui, se réserve les grandes manœuvres : visite à Bill Clinton, à Helmut Kohl et entretiens privés avec l'Américain Mickey Kantor, qui se distingue surtout par ses cravates criardes. Enfin, il reçoit Raymond Barre, qui l'encourage à se « défaire du terrorisme RPR qui pèse sur lui ».

Au début de novembre, fort inquiet, Balladur confie à un ami de Mitterrand, pour que le message soit bien reçu : « La question essentielle est de savoir si Chirac va entrer en conflit avec le gouvernement et avec moi-même sur cette difficile affaire du GATT. Il faut que le Président soit bien conscient de cela. » Façon de rappeler à Mitterrand qu'ils ont tous deux un ennemi commun à la mairie de Paris.

Balladur n'a jamais eu l'intention de refuser « sa » signature. Mais il avait intérêt à entretenir le doute, à faire croire qu'il jouait gros. Miracle, peu avant l'échéance, une petite contrepartie tombera du ciel, ce sera le volet audiovisuel des accords du GATT, rebaptisé « culturel ». Dès lors, tout est question de mise en scène.

« Nous avons obtenu que les accords sur le commerce international soient revus sur bon nombre de points très importants », triomphe le Premier ministre, sans associer Mitterrand, et encore moins le chiraquien Juppé, à cette gloire passagère. La France peut signer la tête haute, et Balladur savourer une victoire qu'il veut personnelle. Le Premier ministre se rengorge, ses joues

66

se teintent d'un rose de pétunia. Il a fait reculer les Américains, clament ses porte-voix, les «deux Nicolas», Bazire et Sarkozy. La presse et l'opinion s'enflamment : Edouard est de l'étoffe des héros.

Ebloui, le *Financial Times* en fait son «homme de l'année».

CHAPITRE VI

Sur le sentier de la guerre

Bouffonnerie à La Rochelle

«Nicolas Bazire est le collaborateur idéal pour Balladur. Ils sont comme les deux terminaux du même ordinateur», affirme un ami commun. En octobre 1993, le jeune directeur de cabinet, visage long et fin, regard vif et pupille réduite, résume en bon greffier les quelques mois de guérilla chiraquienne : «Il ne leur suffisait pas, Monsieur le Premier ministre[1], de nous rappeler à

---

1. Un plan de redressement de la compagnie nationale, préparé par son président, Bernard Attali, prévoit 4 000 suppressions d'emplois. C'est l'origine du mouvement de grève. Le 24 octobre, Bernard Attali, limogé, cède la place à Christian Blanc.

l'ordre, d'attaquer sans cesse votre politique économique, votre politique d'éducation, votre politique de défense, ils ont aussi voulu profiter du conflit à Air France.»

Et toujours aux aguets, il dénonce le comportement des sections RPR de la compagnie aérienne, associées sans honte aux syndicats d'Air France, à la CGT, et même à des militants trotskistes. La nomination, fort habile, en plein conflit social, de Christian Blanc, un ami de Rocard, ne pouvait d'ailleurs que favoriser les mauvais penchants de ces «cellules» d'activistes chiraquiens.

Ravi des difficultés du Premier ministre, se sentant encouragé, Chirac exulte: «Balladur ferait bien de se calmer. D'un claquement de doigts, je peux foutre un bordel sans nom dans la majorité.»

C'est dire si la petite comédie filmée sur les quais blancs de La Rochelle, le 26 septembre précédent, prêtait à rire. A la sortie des journées parlementaires du RPR, Chirac et Balladur, pressés par leurs entourages, promenaient une amitié crispée, sous l'œil avide des caméras invitées à célébrer cette réconciliation factice.

Un peu plus tard, la réalité reprenait ses droits, à l'abri des mêmes caméras. Très entouré, Balladur gagnait son Mystère 50, le front haut, la démarche mesurée. Satisfait sans doute de savoir que Chirac, faussement décontracté et quasiment seul, s'envolait pour Paris dans un petit avion de location.

La crise sociale est annoncée

Malgré les sondages déprimants qui provoquent des aigreurs d'estomac, l'équipe chiraquienne se rassure en notant que les journalistes se montrent bien moins admiratifs à l'égard de Balladur qu'au printemps. Et de recenser les prophéties de plusieurs Cassandre donne à chacun des raisons de vivre.

En juin 1993, Jean-Yves Haberer, président en sursis du Crédit lyonnais, n'affirmait-il pas que «la récession serait bien plus forte que prévu»? Et Jean-Claude Trichet, directeur du Trésor et bientôt gouverneur de la Banque de France, n'a-t-il pas prédit «400 000 chômeurs supplémentaires entre juin et décembre»?

L'espoir refleurit dans le clan Chirac. «Balladur va s'effondrer. La crise sociale sera très dure et seul Jacques pourra être candidat», affirme l'un. «La France ne peut attendre deux ans. Cette cohabitation risque de nous paralyser», fait l'autre. L'essentiel est sans doute d'y croire, comme Jacques Toubon, sourire facile et regard d'insomniaque, qui assène, le 1er octobre à France Inter : «Chirac est et sera candidat à la présidentielle. Balladur n'est pas candidat et ne le sera pas.» Et tous se réjouissent d'un constat établi par les sondeurs : la forte cote du Premier ministre s'explique en grande partie par l'action et la présence de Pasqua au gouvernement. Il suffirait donc de rallier «ce brave Charles» à la conspiration pour que l'Elysée soit à portée de main.

Une occasion est fournie par la révision de la Constitution nécessaire pour adopter la loi Pasqua sur le droit d'asile. Chirac s'empresse de rendre publics ses encouragements au ministre de l'Intérieur. Il téléphone même à un journaliste de l'AFP pour que celui-ci lui pose une question sur l'initiative de Pasqua. Lequel se déclare étonné de ce soutien inattendu. «Je ne lui ai rien demandé», explique-t-il, goguenard, à des membres de son cabinet. Tandis que Bazire fait une colère rentrée : «C'est un traquenard! Ils veulent créer un axe Chirac-Pasqua pour nous contrer.»

Mais il y a loin de la coupe aux lèvres. «Pasqua, il se préoccupe d'abord de Pasqua», résume, dans une courte mais fine analyse, un de ses fidèles.

Consolation pour les chiraquiens à l'affût, les grognements des chambres de commerce, ce qui est mauvais signe. Mais surtout, la soudaine agressivité de la plus puissante fédération du CNPF, l'Union des industries métallurgiques et minières, comble d'aise ces conjurés. «Récession annoncée», «Spirale déflationniste», «Absence de vision globale», l'équipe Balladur en a pris pour son grade, dans une note de ces patrons insatisfaits à vie. Et la cabale continue.

« *Ils vont sortir des dossiers contre nous... »*

La qualité du débat politique est telle que Nicolas Sarkozy, plus partisan de Balladur que le chef du gouvernement lui-même, craint, ou feint de craindre, l'infamie des adversaires de son héros : «Ils sont capables de tout, chuchote-t-il, en confidence. Les gens de Chirac vont sans doute sortir des dossiers contre nous, et peut-être même contre le Premier ministre...»

Plus calme, ou plus cynique, un autre fan de Balladur se veut rassurant: «J'imagine mal l'équipe Chirac distillant des affaires qui pourraient nous ennuyer. Ils savent qu'il nous serait facile d'en faire autant.»

Médiocre parodie de la dissuasion nucléaire gaullienne, on tient en réserve quelques explosifs judiciaires. Il y en a pour tout le monde, dans ce doux pays où la droite comme la gauche compte une vedette en fuite – Médecin reconverti dans la vente de tee-shirts en Uruguay, Boucheron occupé à jouer les gâte-sauces à Buenos Aires. Quant aux magistrats et aux policiers qui rêvent d'une opération «Mains propres» à l'italienne, ils ne dédaignent pas de livrer à la presse une partie de leur gibier de potence.

Sous le regard gourmand des uns, le juge Van Ruymbeke, qui s'est déjà offert quelques têtes socialistes, commence à chercher noise aux Léotard, Madelin et Longuet. Têtu et avare de sourires, ce moustachu taciturne s'obstinera pendant des mois, et non sans succès.

Dans le camp opposé, on spécule aussi sur de nouvelles affaires. Grâce, par exemple, au fameux juge italien Antonio Di Pietro, qui s'intéresse au banquier chiraquien Jean-Marc Vernes, naguère associé à Raul Gardini, le grand patron de la chimie transalpine qui vient de se suicider.

A l'Elysée, enfin, on attend bien plus les coups

qu'on ne les compte. Avec ce toujours inquiétant juge Jean-Pierre en embuscade, qui achève une enquête auprès de quelques banques suisses, à la recherche de trésors cachés. Et avec Bernard Tapie qui collectionne les dettes, les juges, les mises en examen et, malgré tout, les sympathies.

Symbole éclatant de la décadence des esprits, à gauche, et de la dégradation des valeurs en général, Tapie sera bien défendu. A la télévision, le jour de la Fête nationale, et par le Président en personne. Michel Charasse, dit-on, l'en a convaincu. «Tout le monde, à l'Elysée s'est étonné de ce soutien si affiché, explique un conseiller de Mitterrand. Et plus d'un a cru s'étouffer en l'entendant. Je ne vous parle pas des réactions au PS...»

Un œil sur les sondages, l'autre sur Les Guignols

Atmosphère délétère des «affaires», dégradation de la situation sociale, relance économique qui tarde trop, l'automne 1993 s'annonce plutôt sombre. Aussi, à la fin de l'été, Balladur juge-t-il nécessaire de faire un geste en direction des ménages dits «modestes», ceux qui ne paient pas d'impôts ou à peine. Il sort de son chapeau une «allocation de rentrée scolaire», mais annonce en même temps «des jours sans doute plus moroses».

Peut-être même avec des passages orageux, annoncent les gens de Matignon qui accusent les chiraquiens de souffler sur les braises. Une fois de plus, faute d'idées ou de grand dessein, les adversaires se battent sur les terrains vagues de l'insignifiance politique.

Dans sa mairie de Paris, Chirac gémit et se répand en lamentations auprès des visiteurs amis. Principal grief : le Premier ministre ne tient pas compte de ses demandes de nominations, et d'ailleurs, tous deux ne se parlent plus guère. Seul Sarkozy, et cela ne va pas durer, fait encore la navette entre Matignon et un Hôtel de ville un peu désert.

«Ça va mal, explique, la mine sombre, un des grognards de la garde chiraquienne. Roussin a lâché Jacques, et nous ne sommes plus qu'une poignée à lui rester fidèles.» Parmi les plus actifs : toujours Claude Chirac et le retraité Maurice Ulrich, qui gardent un œil sur les sondages et l'autre sur *Les Guignols* de Canal Plus. Sans oublier un carré de ministres-militants : l'indéfectible Juppé, l'inimitable Toubon, la très lisse

Alliot-Marie et la pétulante Michaux-Chevry restent fermes sur les principes. Tout espoir n'est pas perdu. Dans l'appareil du RPR et à l'Assemblée, les chiraquiens pèsent encore lourd.

Pour donner du grain à moudre à quelques journalistes sans mémoire ou en mal de copie, des conseillers de Chirac leur remettent une cassette de l'émission *7/7* du 27 septembre 1992, pendant laquelle Balladur – maladroit ou roué? – déclarait, sans doute pour rassurer Chirac : « Le Premier ministre de la future cohabitation ne devra pas être un candidat à l'élection présidentielle. » Mais est-ce bien sa faute si, désormais, il imagine être le meilleur?

En face, les deux Nicolas, Bazire et Sarkozy, montrent les dents. Sur le ton : « Les chiraquiens sont prêts aux pires vilenies pour abattre Balladur, mais on ne va pas se laisser faire. » Un autre inconditionnel se veut plus politique : « Nos adversaires appellent de leurs vœux un grave conflit social. Mais ils tablent aussi sur autre chose : un conflit avec les centristes ou un clash dans la cohabitation. »

«*On ne peut pas laisser l'Etat à ces gens-là*»

Deux candidats à droite, et un Le Pen aux frontières, cela ne saurait suffire. Il faut aussi compter avec les trouble-fête. Avec, par exemple, Raymond Barre qui, le 28 novembre, n'exclut pas d'être candidat à l'élection présidentielle. Ou avec Giscard. «Quoi qu'il arrive, pronostique le vaincu de 1981 qui, lui non plus, ne veut rien exclure, il n'y aura jamais une candidature unique à droite.»

Mais celle en pointillé de Raymond Barre a ceci de particulier qu'elle ne déplaît pas à Mitterrand.

Une complicité s'est établie entre les deux hommes, avec un doux rêve en partage : semer le désordre. Le dialogue, quand il n'est pas direct, lors d'une visite à l'Elysée, se poursuit par intermédiaire, et Mitterrand reste ainsi informé des excellentes dispositions de cet outsider.

Son crédit est grand, car Barre se montre bien plus agressif que le socialiste le plus teigneux, comme le rapporte l'un de ces confidents de l'été 1993 : «S'il fallait résumer d'une phrase ce qu'il m'a dit, ce serait : "On ne peut pas laisser l'Etat à ces gens-là!" C'est-à-dire le RPR, Chirac et Pasqua, qu'il cite nommément... Barre pense que Chirac finira par écarter Balladur de la course aux candidatures, qu'il le démolira. Et il estime qu'il faut protéger la France de ces voyous... C'est le terme qu'il choisit pour désigner les dirigeants du RPR... Européen et centriste au vrai sens du terme, Barre pense détenir la vérité entre la gauche et la droite. La nouvelle majorité qu'il appelle de ses vœux? Une alliance de l'UDF et des socialistes.» Un pari sur l'avenir que, devant plusieurs interlocuteurs, Barre définit comme «la meilleure des solutions».

Ce personnage atypique, rond comme un cavaillon, a la mémoire longue. Et s'il se méfie des «voyous», c'est qu'il n'a rien oublié de ses campagnes précédentes.

Celle des législatives de 1986, par exemple, pendant laquelle fut distribuée aux notables et aux journalistes une brochure anonyme. Rédigée par une équipe de jeunes néo-nazis, avec la bénédiction de divers responsables RPR, on y accusait Barre d'avoir révéré Pétain dans sa jeunesse, et de montrer trop de sympathies, désormais, pour Moscou, les immigrés, Rockefeller et les multinationales.

En 1988, candidat à la présidentielle et donc

rival de Chirac, Barre fut encore mieux «soigné». Par le RPR d'abord, avec quelques tracts et des rumeurs diverses : il serait franc-maçon, quasi bolchevique, et son épouse aurait un frère au KGB. Or, elle n'a pas de frère. Les journaux Hersant ne l'ont pas non plus épargné, qui le boycottaient. Ni le ministère de l'Intérieur, où régnait Pasqua, que Barre accuse d'avoir manipulé plusieurs sondages. Enfin ses «amis» Giscard, Léotard, Longuet, Madelin, en accord avec Chirac, n'avaient autorisé que très tard les élus du PR à lancer la campagne en sa faveur.

Naissance d'une rumeur malsaine

Raymond Barre n'est pas la seule victime de ces pratiques interlopes. Quand il ne s'agit plus de critiquer un programme ou des idées, mais seulement de salir un adversaire, la rumeur a des vertus assassines.

Ce poison, des malveillants le distillent, sûrs de leur fait et l'air gourmand, auprès des journalistes, des élus, des industriels, de tous ceux qui disposent de quelque audience. Avec pour objectif de transformer en agents électoraux des centaines de «décideurs», comme on les nomme dans un certain jargon. Qu'ils soient ou non conscients du rôle qu'on leur fait jouer, peu importe. On les espère seulement bavards.

Sans remonter jusqu'à l'affaire Markovic, et ses suites peu ragoûtantes visant le couple Pompidou, Chaban-Delmas, en 1974, et Mitterrand, en 1981 surtout, ont été la cible de ces attaques souterraines, lancées par des officines giscardiennes et néo-gaullistes.

Mais en novembre 1993, la haine est telle entre les entourages de Balladur et de Chirac, qu'un sommet est atteint, où le médiocre le dispute à l'odieux. Au RPR et à l'Hôtel de ville, les pseudo-révélations commencent à circuler : «Balladur est d'origine étrangère, turque. Son nom en est la preuve...» ou «C'est un Arménien, voyez son nom...» Ou encore «Balladur et Bazire, son directeur de cabinet, n'ont pas seulement des relations politiques et professionnelles, ce sont des homosexuels». Pour étayer leurs propos, certains soulignent la présence de plusieurs jeunes collaborateurs dans le cabinet du ministre des Finances de l'époque, entre 1986 et 1988. «Tout comme aujourd'hui.»

Au fil des mois, la rumeur va se répandre dans les milieux les plus divers et alimenter souvent les conversations dans les dîners en ville.

Le nid de serpents

Assez vite, Balladur et certains de ses conseillers seront informés de ce nouvel avatar du débat politique, et de l'acharnement des gens du camp d'en face.

CHAPITRE VII

Balladur ratisse large

La politique des réseaux

En octobre 1993, Pasqua qui soumet la nomination d'un haut fonctionnaire à Balladur, le voit faire la moue. Alors, sur un ton provocant mais enjoué, il lâche le plus pertinent des arguments : «Ce n'est pourtant pas un chiraquien...!» Et Pasqua emporte le morceau, ce qui n'a pas toujours été le cas.

Pendant plusieurs mois, Chirac s'était plaint. Il souffrait de voir que les têtes ne tombaient pas assez vite dans l'administration et – cette longue liste est de lui – dans les entreprises publiques, l'Education nationale, la préfectorale, la justice, la police et la télévision. Mais quand ces têtes de trop ont commencé à choir sur le pavé parisien, ce grand naïf a subitement compris que les remplaçants choisis n'auraient pas tous, loin de là, la fibre chiraquienne.

Quant à Mitterrand, le rapport des forces ne lui étant guère favorable, il ne pouvait s'opposer à la mise en place des réseaux Balladur. Aussi, l'Elysée se contente d'une banale comptabilité qu'on transmet aux journalistes amis. D'avril à octobre 1993, selon l'équipe présidentielle, le Conseil des ministres a procédé à cent quarante-neuf nominations. Seule consolation accordée à Mitterrand, quelques socialistes et «compagnons de route» sont reconduits à leur poste, voire recasés dans de confortables fauteuils.

Un an plus tard, en septembre 1994, le paquet est bien ficelé, et *Le Nouvel économiste* recense «270 nominations politiques (...) dans les administrations et les entreprises publiques».

Un virus de gauche à Paris-Match?

A peine nommé Premier ministre, le 8 avril 1993, lors de sa déclaration de politique générale devant l'Assemblée, Balladur avait pourtant promis de faire patte de velours. Dénonçant la

«politisation» passée, il s'était engagé à «dépoli-
tiser les nominations et les avancements».

Le propos, s'il ne devait rien à la chaleur d'une
fin de banquet, ressemble fort à ces promesses
qu'on applaudit sans jamais y ajouter foi. Six
mois après cet écart de langage, *Paris-Match* – et
la surprise est vraiment de taille... – décrit les réseaux Balladur dans des termes auxquels pourraient souscrire chiraquiens, socialistes et même
communistes. «Maillage balladurien des grandes
affaires de l'establishment, le plus beau quadril-
lage que l'économie française ait jamais connu.»
Et *Paris-Match* de persifler dans un style très
«gauche» : «La force de frappe de ce réseau
d'amis est impressionnante. Elle tient aux liaisons
capitalistiques que sont en train d'établir entre
eux ces gros mastodontes.» Lesquels sont cités :
BNP, Elf, UAP, Suez, Générale des eaux. Ainsi
que leurs présidents respectifs : Michel Pébereau,
Philippe Jaffré, Jacques Friedmann, Gérard
Worms, Guy Dejouany, sans oublier l'ami très
sûr, Pierre Suard, PDG d'Alcatel.

Ce réquisitoire intempestif n'empêchera pas le
Premier ministre de continuer à tisser sa toile. «Il
faut agir ainsi pour empêcher les groupes étran-
gers de faire main basse sur le patrimoine français», explique-t-il. Traduction : il n'y a pas de

réseaux Balladur mais une distribution des rôles et des fauteuils au nom de l'intérêt national.

Pasqua lorgnait la DGSE

L'injection du ciment Balladur dans la banque, l'administration et l'industrie ne pouvait suffire à pareil ambitieux. Dès juin 1993, le Premier ministre s'était intéressé au renseignement et aux services qui le traitent. Deux hauts fonctionnaires avaient donc aussitôt figuré au tableau de cette «chasse aux sorcières» dont la réalité était niée avec la plus parfaite bonhomie.

Le premier des limogés, Guy Fougier, secrétaire général de la défense nationale, laissait la place à un ancien condisciple en sciences économiques de Balladur, le général Achille Lerche. Quant au second, Claude Silberzahn, patron de la DGSE, le choix de son successeur provoqua une colère rentrée de Pasqua qui voulait le poste pour un de ses amis, le général Vincent Lanata.

Compatriote de Pasqua, cet aviateur n'avait pas vraiment le profil rêvé. En accord parfait, Balladur et Mitterrand, qui ne voulaient pas voir le ministre de l'Intérieur mettre son nez dans les dossiers d'espionnage, nommaient à la DGSE un personnage «consensuel»: Jacques Dewatre, préfet de cinquante-sept ans et beau-frère de l'amiral Lanxade, chef d'état-major des armées.

«Au lieu de chasser les sorcières, on en installe une à la tête de nos barbouzes», grognait, à l'époque, un lieutenant de Pasqua. Selon lui, Dewatre, ancien chef de cabinet des ministres socialistes de la Coopération, Jean-Pierre Cot et Christian Nucci, penche abominablement à gauche: «C'est un rose.»

Cette nomination sacrilège ne devait pas laisser Pasqua de marbre, à en croire un autre de ses confidents: «Charles nous a dit: "On est aveugles!" La DGSE à Dewatre et la DST toujours aux mains du socialiste Fournet[1], il faut réactiver nos sources d'information et nos propres réseaux.» Ce sera fait.

Du pétrole à la pompe électorale

Deux mois après cette mauvaise manière de Balladur, Chirac et Pasqua devront avaler une

---

1. Le 6 octobre 1993, Jacques Fournet, nommé préfet de la région Champagne-Ardenne, sera remplacé, à la tête de la DST, par Philippe Parant, ancien numéro deux et chargé des questions financières à la DGSE.

bien plus grosse couleuvre. Le 2 août, Philippe Jaffré remplace, à la présidence d'Elf, le socialiste Le Floch-Prigent.

L'arrivée de cet inspecteur des finances de quarante-huit ans, balladurien fidèle mais tendance de Villiers, tient du coup d'Etat. Car Elf, c'est toute l'histoire du gaullisme pétrolier, et une «propriété» perdue à reconquérir pour Chirac. Pour Pasqua aussi qui, faute de mieux, aurait même souhaité voir reconduit à sa tête un Le Floch-Prigent assagi.

Mais Balladur a réagi en égoïste. Il ne pouvait être question de laisser un autre réseau que le sien s'emparer de la riche compagnie[2].

«Il a verrouillé à son profit cette pompe à finances», se lamentent, et à peu près dans les mêmes termes, les gens de Chirac, de Foccart et de Pasqua. Tous floués et jaloux de voir cette généreuse société échapper à leur influence.

---

2. En 1981, la filiale Elf-Gabon a soutenu financièrement le RPR. Un document concernant cette opération est paru, le 13 octobre 1982, dans *Le Canard enchaîné*.

Deux voix de communication

L'image de Balladur doit beaucoup à l'entregent des « deux Nicolas », Bazire et Sarkozy. Un bilan remarquable, établi par le Service d'information et de communication de Matignon : dix-neuf interventions du Premier ministre à la télévision en six mois, soit beaucoup mieux que tous ses prédécesseurs pourtant déjà fort bavards depuis 1981. Et l'on ne compte pas les simples passages à l'écran où l'on voit Balladur arriver à pied à l'Elysée, recevoir, négocier, lâcher une phrase, voire se promener à Chamonix.

Cela ne saurait suffire. Il faut aussi que le Premier ministre soit présenté avec ferveur dans les médias, calme et réfléchi, à l'inverse cathodique d'un Jacques Chirac. Les deux Nicolas s'en font plus qu'un devoir : un plaisir. Ils intriguent, invitent, téléphonent aux rédactions, copinent avec les journalistes de gauche comme de droite, distillent informations, confidences, et négocient les interviews « exclusives ».

Et pourtant ils ont déjà tant à faire dans cet « Etat partial masqué », comme dit Raymond Barre, en janvier 1994. Bazire et Sarkozy se mêlent en effet de tout. Des nominations à la tête des télévisions publiques, des budgets de l'audio-visuel, de l'opération contre André Rousselet à Canal Plus, des aides financières à la presse.

Pour le choix du nouveau président de France Télévision, l'opération est rondement menée. Mitterrand a un candidat : Jean-Pierre Elkab-bach. Balladur, après avoir hésité, se rallie. Reste à convaincre de voter Elkabbach les membres du Conseil supérieur de l'audiovisuel nommés par la droite. Bazire et Sarkozy, ministre de la Commu-nication bien avant la démission forcée d'Alain Carignon, s'y emploient.

Une inquiétude se fait pourtant jour, à l'idée que les rédactions de France 2 et France 3 pour-raient se montrer complaisantes à l'égard de l'ennemi chiraquien. Les deux Nicolas enre-gistrent donc avec satisfaction les nominations de Jean-Luc Mano et d'Henri Sannier à la direction des deux équipes de journalistes, mais encore une fois, cela ne saurait suffire aux jeunes intrigants de Matignon.

Tout de go, Bazire et Sarkozy s'emploient donc à convaincre plusieurs journalistes politi-ques, réputés de gauche, de rejoindre les chaînes publiques. Pareille faveur, espèrent-ils, les amè-nera à ne jamais se montrer méchants, voire à manifester quelque reconnaissance. Mais peine perdue, aucun n'acceptera une promotion venant de Matignon. «Pourtant, quand il le veut, Sarkozy peut avoir la puissance de séduction d'un violoniste hongrois», note, perfide, un chiraquien de choc.

Une autre occasion de se montrer généreux se présente au printemps 1994. Le très mitterrandien hebdomadaire *Globe* connaît de sérieuses difficultés. Qu'à cela ne tienne : «A la demande du Président, ironise un conseiller de Balladur, Sarkozy a demandé à plusieurs sociétés actionnaires de *Globe* de réinjecter un peu d'argent dans son capital.»

Explication avancée par *Le Point* : «A ceux qui, dans la majorité, s'étonnent que Balladur ait encouragé des actionnaires de *Globe* à aider l'hebdomadaire de Pierre Bergé, Nicolas Sarkozy réplique que le Premier ministre manifeste simplement sa tolérance. "On gagne la présidentielle avec 51 % des Français", dit le maire de Neuilly. Il n'a pas dit si, dans le 1 % décisif, il incluait le Président[3].»

L'hebdomadaire ne réagira pas. Aucun démenti dans ses colonnes. Mieux, dans le numéro de *Globe* qui suit cette rosserie du *Point*, Sarkozy

---

3. Le 9 juillet 1994.

signe un long article sur Georges Mandel, ce ministre de la IIIe République, assassiné par la milice, dont il vient d'écrire la biographie.

36 17 Matignon, 5,48 francs la minute

«C'est terrible! plaisante un leader du RPR. L'ambition de Balladur a provoqué chez les parlementaires de la majorité une tendance à l'obésité. Ils sont sans cesse invités à déjeuner à Matignon.»

Le chemin de l'Elysée suppose la conquête des députés RPR, UDF, centristes, et tout est mis en œuvre pour séduire les réticents.

Un téléphone vert est d'abord disponible, dès le 1er décembre 1993, à l'usage des élus pour qu'ils puissent joindre les collaborateurs du Premier ministre. Puis, à la mi-mars 1994, un service télématique, 36 17 code Matignon, est mis en place. Pour 5,48 F la minute, il permet aux parlementaires de connaître – voilà qui est passionnant... – l'agenda du chef du gouvernement, puis de lire un compte rendu succinct du Conseil des ministres.

Deux semaines plus tard, à la veille du second

tour des élections cantonales, Balladur prend le temps d'adresser une lettre à chacun des candidats de la majorité, pour l'assurer de son soutien. Comme s'il pouvait en être autrement...

Déjeuners, visites, réceptions, dîners en petit comité, Balladur ne ménage pas sa peine. Et les nominations de parlementaires en mission, toujours flatteuses, sont généreusement attribuées. En octobre 1994, on compte déjà plus d'une trentaine de députés ainsi distingués, dont bon nombre de nouveaux élus.

« Un parlementaire habile, qui passe trois jours à Paris, doit pouvoir se débrouiller sans bourse délier », sourit un proche de Chirac. Tandis qu'un autre fulmine : « Qu'on ne dise pas alors que c'est Chirac qui sème la zizanie dans la majorité ! Lors des dîners très sélectifs de Balladur, ou de Bazire, il n'y a jamais aucun vrai chiraquien d'invité. »

CHAPITRE VIII

Pasqua ne veut plus perdre

Celui qui fait la différence

Le petit-fils de berger qui, naguère, traitait Balladur d'«analphabète en politique», a révisé son jugement. Le ministre de l'Intérieur qui, en avril 1993, se gaussait de ce «Bourgeois gentilhomme de Premier ministre» lui trouve soudain bien des qualités et «du sens politique», comme il dit. Et les deux hommes ravis de leurs cotes respectives dans le flot ininterrompu des sondages jouent à se charmer l'un l'autre. Tête large, regard malicieux, lèvres aussi charnues qu'une cerise, contre rondeurs et bonhomie du XVIᵉ arrondissement.

Un jour, Pasqua parle longuement de Proust à

Balladur, qui affecte de ne pas s'en montrer surpris. Une autre fois, lors des journées parlementaires de La Rochelle, le néo-proustien lance, ironique, à un élu trop familier : «Depuis que je fréquente le Premier ministre, j'ai pris des manières.»

Sensible aux hommages de cet allié indispensable pour qui lorgne l'Elysée, Balladur le flatte, l'écoute, évite de le froisser et le craint, tout en priant le Ciel que, jamais plus, ce diable d'homme ne joue Chirac gagnant.

Car le Premier ministre n'en doute pas, et il s'en ouvre parfois à son confident Bazire, Pasqua a tous les talents. Chirac lui doit son élection à la présidence du RPR, acquise en bousculant un peu les urnes, en 1976 ; Giscard en partie sa défaite, en 1981; et Barre quelques mauvais sondages déstabilisants, lors de la présidentielle de 1988.

La métamorphose du chef de clan

Dès son retour à l'Intérieur, ce frère jumeau du Droopy de Tex Avery a voulu se débarrasser de son vieux profil policier. Etrange gageure, même s'il recrute quelques «ex» du genre rocar-

dien, gauchiste, communiste et curé qu'il associe
à d'autres collaborateurs venus, eux, de l'extrême
droite. Car ses adversaires, et même ses voisins
de parti, ont souvent médit de lui, le traitant
d'«Aventurier», de «Chef de réseaux incon-
trôlables», d'«Expert en coups tordus», ou de
«Flic dans l'âme».

Faute de pouvoir les rassurer, dès qu'il s'agit
d'immigration, de rafles ou de restreindre le droit
d'asile, Pasqua travaille dur et se mêle de tout.
Son domaine s'est élargi : l'Aménagement du territoire lui permet d'avoir son mot à dire sur les
compétences de plusieurs de ses collègues du
gouvernement. Mais cela ne saurait suffire à ce
glouton. Grâce à la liberté d'action que lui laisse
Balladur, son ministère ignore aussi les frontières.

Il ne fait pas bon se trouver sur sa route et Michel Roussin, ministre de la Coopération, l'a vite
appris à ses dépens, malgré son rapide ralliement
à Balladur. Les réseaux Pasqua, que Chirac avait
chargé Roussin de surveiller, dès 1993, s'activent
toujours en Afrique francophone. Ce que le patron du RPR considère comme un affront personnel.

Avant même la victoire des législatives, Chirac
s'était alarmé de l'impérialisme de son «ami
Charles» qui venait d'effectuer deux tournées

triomphales sur ce continent. Dans une note confidentielle, datée du 12 octobre 1992 et destinée à son état-major, il avait cru possible de marquer son territoire. «Mes rapports avec les chefs d'Etat africains» écrivait-il alors, ne relèvent que de Jacques Foccart et de Fernand Wibaux[1]. Exact, mais Pasqua n'était déjà plus sous dépendance. «Grâce à ses réseaux, il monte aujourd'hui son trésor de guerre», accuse, en juin 1994, un membre de la cellule africaine de Chirac, jaloux et incapable d'en apporter la preuve.

Toujours est-il que, pendant leurs visites officielles ou privées à Paris, les chefs d'Etat africains, s'ils font allégeance au maire de la capitale, ne manquent jamais de se rendre chez Pasqua. Soit au ministère, soit dans son fief du Conseil général des Hauts-de-Seine, où la table est excellente.

A l'Elysée, un détour là aussi obligatoire pour les présidents africains, Mitterrand s'amuse de ces allées et venues : «Ainsi, vous allez voir le Premier ministre, Messieurs Juppé et Roussin...?» demande-t-il. Et, chaque fois, son visiteur omet d'allonger la liste. Alors Mitterrand joue les étonnés : «Vous ne verrez pas Monsieur Pas-

---

1. Ambassadeur à la retraite, qui connaît bien l'Afrique.

qua?» Avant d'ajouter, perfide, comme si cela importait peu à son interlocuteur : «Il y a bien des ressortissants de votre pays qui vivent en France, non?»

Le ministre des relations Paris-Alger-Bagdad

Avec Alain Juppé, l'un des rares chiraquiens du gouvernement, c'est un conflit tous terrains. Les envoyés spéciaux de Pasqua, Jean-Charles Marchiani, Daniel Leandri et Bernard Guillet, notamment, «experts en missions délicates», arpentent l'Algérie et le Maghreb, l'Afrique, le Proche-Orient, les ex-républiques soviétiques d'Asie, ou se rendent secrètement à Bagdad comme à Téhéran.

De temps à autre, quand la coupe déborde, Alain Juppé ou Jacques Dewatre, patron de la DGSE, vont se plaindre à Matignon de «cet impérialiste de Pasqua», mais en pure perte. Tous deux savent bien que Balladur laisse faire, et pour quelle inavouable ambition. Aussi, les diplomates du premier et les espions du second doivent-ils se rendre à l'évidence : ils ne sont plus seuls à rédiger télégrammes et notes de renseignement.

Les nombreux policiers expédiés comme coopérants soit en Afrique, soit en Amérique latine, disposent de fax «chiffrant» et recueillent, eux aussi, de l'information dite secrète. Pour un unique destinataire, leur patron Pasqua. Mieux, alors que son action ne devrait s'exercer qu'en France, la DST a ouvert des antennes en Afrique, au Proche-Orient et à l'Est. Avec l'accord de son tuteur, l'inévitable Pasqua.

A l'égard de Bagdad, le ministre de l'Intérieur, favorable à la levée de l'embargo, agit aussi comme bon lui semble. Tarek Aziz, vice-Premier ministre irakien, veut-il venir à Paris? Juppé refuse de lui délivrer un visa, mais qu'à cela ne tienne. Pasqua envoie ses hommes l'accueillir à l'aéroport, le 14 octobre 1993, et lui évite tout contrôle intempestif. Une équipe spéciale le protégera pendant son séjour parisien avant de le conduire jusqu'à Pasqua qui le recevra en tête à tête. «Pour faire la nique aux Américains qui veulent nous exclure de tout commerce futur avec l'Irak», dira-t-il, en pensant à d'excellents contrats, pétroliers ou autres.

Quelques semaines plus tard, le 10 novembre, Pasqua affronte encore Juppé. Lors d'une réunion interministérielle présidée par Balladur, après la libération de trois otages français à Alger, il l'accuse d'être prisonnier des services du Quai d'Orsay et le prie de le laisser agir comme il l'entend. «Ça ne peut plus durer ainsi. Les militaires algériens vont bientôt assumer directement le pouvoir, et il faudra les soutenir», clame-t-il. Alors que Juppé, quatre jours plus tôt, a de nouveau affirmé devant les caméras, comme il l'avait déjà fait en août, que le «statu quo actuel» n'était plus tenable et qu'un dialogue devait s'instaurer en Algérie.

Deux billets gratuits pour Téhéran

Sur un autre front, Pasqua se comporte encore en expert des jeux complexes. Le 29 décembre 1993, estimant que la «trêve des confiseurs» permettrait de limiter les dégâts et les cris d'orfraie, il jette au panier le décret d'extradition vers Genève de deux Iraniens, accusés du meurtre d'un opposant aux ayatollahs, et il les fait conduire jusqu'à l'avion en partance pour Téhéran. Les Suisses seront d'autant plus furieux qu'un banal communiqué de Matignon, rédigé la tête basse, fait aussitôt savoir que les deux Iraniens ont été libérés «pour des raisons liées à l'intérêt national».

Tout le monde est hors jeu. Mitterrand d'abord, qui n'a pas été informé. Et Balladur, en vacances à Chamonix, est prié, lui, de comprendre qu'on agit pour son bien. Qu'il faut calmer les barbus de Téhéran, capables de perturber par des attentats en France, ou des prises d'otages à l'étranger, la démarche tranquille vers la présidence d'un excellent Premier ministre.

«Les petites ingérences du ministre de l'Intérieur dans la politique étrangère ne nous regardent pas et ne nous inquiètent pas davantage, jure faussement un conseiller de Mitterrand. C'est au chef du gouvernement de faire régner l'ordre dans ses troupes. Mais vu d'ici, le spectacle est assez désopilant...» Pour sa part, l'un des mentors de Chirac, le déplore : «C'est un minimum que de respecter le Président. Il n'a pas été averti de l'expulsion de ces deux Iraniens, et c'est tout à fait regrettable. Il s'agit autant de bonne conduite que d'observation des règles constitutionnelles.»

Mais avec les Iraniens, Pasqua a pris l'habitude de ne respecter ni règles ni lois, ni usages diplomatiques. Aussi, comme depuis plusieurs mois, Téhéran le relançait personnellement pour obtenir la libération de cinq Iraniens détenus en France, il s'est décidé à en relâcher deux, en signe de bonne volonté.

Au début de 1994, les prisons parisiennes n'hébergent donc plus que les trois assassins présumés de Chapour Bakhtiar, l'ex-Premier ministre du Chah, réfugié en France. Mais leur procès, qu'il faudra bien ouvrir en novembre 1994, est considéré comme un défi par les plus fous des fous de Dieu[2].

Et si Pasqua votait Pasqua?

«Pasqua veut que le meilleur gagne. Il estime que Balladur est le mieux placé pour cela, explique, en février 1994, un poids lourd du RPR. De plus, il aime se sentir indispensable. Et se croit plus indispensable à Balladur qu'à Chirac. C'est vrai, Jacques n'écoutait pas ses conseils. Et pourtant, Charles a tant fait pour lui.»

Selon plusieurs vieux routiers du RPR, Pasqua ne croit plus guère en Chirac depuis la défaite de 1988. Et l'un d'eux trouve le temps long:

---

2. Chapour Bakhtiar a été assassiné, ainsi que son secrétaire, le 6 août 1991, à Suresnes. Neuf hommes sont soupçonnés: six sont jugés par contumace et trois comparaissent le 2 novembre 1994. Ali Vakili Rad est condamné à la réclusion criminelle à perpétuité; Massoud Hendi à dix ans de prison; et Zeynalabedine Sarahdi est acquitté.

«Vingt-quatre ans, dit-il, à se battre pour que Chirac devienne Président, ça lasse! Et si Balladur ne se présentait pas, en 1995, à cause des sondages ou de la situation générale, Charles serait bien capable d'affronter lui-même Chirac aux présidentielles.»

Car l'Elysée, Pasqua y pense, même s'il s'imagine mal dans ce palais. Son fils Pierre et son conseiller William Abitbol l'y encouragent. «Charles ira, s'il l'estime nécessaire pour l'avenir de ses petits-enfants», affirme un membre de son premier cercle.

Sa candidature à Matignon semble plus probable. Que Balladur ou Chirac l'emporte, on le donne toujours gagnant, au grand dam des centristes. Même s'il ne ménage jamais le maire de Paris: «Tu veux être élu par des électeurs de droite en cultivant une image de centre gauche!» lui lance-t-il, à l'été 1994, dans un haussement d'épaules, lors d'un de leurs tête-à-tête.

Le 25 juin, pour la première fois de sa vie, Pasqua avait provoqué des réactions hostiles lors d'une réunion de cadres RPR. Devant une question trop précise: «Pouvez-vous nous dire quand vous allez apporter votre soutien à Jacques Chirac?», il avait botté en touche: «L'un des nôtres sera élu à l'Elysée.» Et sous les sifflets, Pasqua

s'était à nouveau réfugié derrière ses chères primaires.

Car si Chirac l'a terriblement déçu, le Premier
ministre, lui, l'a agréablement surpris. Selon ses
intimes, le «petit-fils de berger» partage souvent
le thé et le cake, l'après-midi, avec son nouveau
champion.

CHAPITRE IX

Chirac fait des étincelles

La guerre nucléaire
n'aura pas lieu

Sans le vouloir, Bill Clinton allait-il fournir à Chirac une superbe occasion de s'en prendre à Balladur et à sa cohabitation doucereuse? Le maire de Paris et ses partisans s'en sont persuadés un peu vite.

Le 3 juillet 1993, le Président américain, sous la pression du Congrès et contre l'avis du Pentagone, annonçait la prolongation du moratoire sur les essais nucléaires. Moratoire dont François Mitterrand avait pris seul l'initiative, un an plus tôt, en avril 1992, et sans même consulter Pierre Joxe, ministre socialiste de la Défense.

A Paris, dans la majorité, plusieurs voix s'élèvent aussitôt pour clamer qu'il serait inacceptable et dangereux que la France persiste dans «son erreur» et renonce à ses essais nucléaires. Au micro et dans la presse, l'ancien ministre Jacques Baumel puis Pierre Lellouche s'insurgent et ne se privent pas de mettre en garde le Premier ministre.

Très vite, Balladur, qui flaire le danger, demande un entretien au Président. La veille du rendez-vous, recevant son ministre de la Défense, il lui annonce qu'il n'a pas l'intention d'entrer en conflit avec Mitterrand sur cette délicate question. Et qu'il acceptera le maintien du moratoire, souhaité par le Président. Léotard renâcle, mais il n'a guère droit à la parole.

«Le CEA[1] a fait campagne contre le moratoire, quelques excités de la majorité aussi, pour mettre Balladur en difficulté face à Chirac», ironise un conseiller de Mitterrand. Avant d'ajouter : «Bien sûr, le Président soutient le Premier ministre contre cette bande-là. Certains journaux n'ont pas été tendres avec lui. Sans oublier le complexe militaro-industriel...»

Pour éviter que Balladur ne perde la face,

---

1. Commissariat à l'énergie atomique.

l'Elysée rédige un communiqué commun avec Matignon, dans lequel ne figure aucun engagement de date sur la durée du moratoire. Et le Président accepte la constitution d'un groupe d'experts, chargé de fournir un avis technique sur les effets de cette décision.

Le rapport de ces sept «sages» ne sera d'ailleurs jamais rendu public. Transmis à l'Elysée et à Matignon, il ne jette pas d'huile sur le feu. En substance, la France peut attendre l'élection présidentielle de 1995 pour reprendre ses essais, à condition d'en pratiquer un certain nombre en laboratoire.

«Mais derrière ce débat, la nature même de la dissuasion est en jeu, et c'est cela qui est grave, se plaint le même conseiller élyséen. Ceux qui demandent la reprise des essais veulent, en fait, voir fabriquer de nouvelles armes nucléaires, pour des frappes limitées, chirurgicales, dans le cas d'un conflit avec un pays du tiers-monde. Le Président est très hostile à cette dérive.»

Règlement de comptes autour d'un cassoulet

Malgré le front uni Elysée-Matignon, les attaques ne cessent pas; elles traversent automne et hiver dans l'indifférence quasi générale. Puis, survient l'inévitable. Le 22 février 1994, lors d'un déjeuner des dirigeants de la majorité, à Matignon, plusieurs convives s'étripent allègrement autour d'un cassoulet.

Le plus virulent, Chirac, agresse Léotard, en visant Balladur par la bande. Au ministre de la Défense, il reproche vertement d'avoir manqué de courage en se ralliant, sans résistance, à la décision du Président. Selon le maire de Paris, la crédibilité de la dissuasion et la modernisation de l'arsenal nucléaire sont en question.

Giscard, qui n'a en commun avec Chirac qu'une haine féroce du Premier ministre, boit du petit-lait. Il dissimule mal le plaisir qu'il prend au spectacle d'un Léotard envoyé dans les cordes, et d'un Balladur qui ne lui est d'aucun secours. «Mitterrand reste seul maître du jeu», plaide le chef du gouvernement, dans ses petits souliers. Ce que Chirac conteste d'un ton sec, la mémoire courte et avec une parfaite mauvaise foi.

Ce déjeuner à la grimace à peine terminé, l'un des participants en fait le récit à un journaliste de *Libération*. Qui rédige aussitôt un article sur cette petite tempête nucléaire.

Furieux, Chirac accusera les « deux Nicolas »

d'être les auteurs de cette fuite, et de «vouloir, encore une fois, le faire passer pour un excité». Quant à Juppé, s'il confirme cinq jours plus tard, à TF1, la réalité de l'affrontement, il dénonce aussi le procédé «pervers» et «minable», qui consiste à étendre, au vu de tous, ce linge sale et mal lavé en famille.

La qualité de ce débat aurait souffert si Léotard n'y avait pas mis du sien. A France Inter, évoquant les attaques chiraquiennes, il joue les martyrs résignés dans un français approximatif : «Je n'ai pas l'impression que c'était moi qui ai été la vraie cible de cette affaire, mais, passant par là par hasard, je prends quelques balles.»

S'ils avaient su, mais ils ne savaient pas, Balladur et Léotard auraient pu retourner le compliment. Car Chirac, fréquemment victime de l'ambivalence de ses pensées, n'en est jamais à une contradiction près.

Deux mois avant le cassoulet mal digéré de février, le maire de Paris, invité à l'ambassade des Etats-Unis, le 8 décembre 1993, tenait des propos fort différents.

Devisant avec un diplomate et deux autres convives stupéfaits, Chirac dans un anglais pur sucre, avait joué les prophètes en son pays : «Le prochain président de la République ne reprendra pas les essais nucléaires.» Mais à quel «prochain président» pensait-il donc, alors? Avant d'ajouter : «Mes conseillers m'affirment d'ailleurs que ces essais peuvent s'effectuer en laboratoires et sur des ordinateurs.» Et de prédire enfin bien des malheurs à ce bas monde : «On ne pourra pas arrêter la prolifération. Il est difficile d'imaginer que le Japon restera une puissance non nucléaire, alors qu'il est le voisin de la Chine, de la Corée et de la Russie.»

Léo et Simone désignent leur champion

Le dernier trimestre de 1993 n'a pas vu venir la crise sociale tant attendue, voire espérée par les plus fervents chiraquiens.

A court d'idées, c'est le lot commun, les indécis et les partisans s'observent. A la mairie de Paris, on fiche les traîtres, on traque les félons en puissance déjà prêts à monnayer leur soutien; tandis qu'à Matignon, on comptabilise les ralliés enthousiastes et les sympathisants circonspects.

Dans ce jeu de rôles où les seconds couteaux veulent faire de leur prince un roi, deux ministres se distinguent. Le 19 décembre, en un duo parfait et à une heure seulement d'intervalle, François Léotard puis Simone Veil se déclarent chauds partisans d'une candidature Balladur. L'émoi est grand : Jean-Louis Debré, dressé sur ses ergots, clame que «ces gens veulent casser le mouvement gaulliste». Aussi le Premier ministre, feignant la surprise, se doit de gourmander ses deux groupies. Et de rappeler qu'«aucun ministre ne doit s'exprimer sur ce sujet», tabou jusqu'à la fin de l'année 1994. Et la règle vaut pour tous, ajoute-t-il, en visant Juppé et Toubon qui ne se privent guère de parler de Chirac comme du «candidat naturel du RPR».

«Léotard a dû comprendre que son destin se réaliserait mieux avec Balladur, commente, méprisant, un ancien Premier ministre. Il est convaincu qu'il y aura des présidentielles anticipées. Cela depuis un Conseil de défense, au mois de novembre, pendant lequel le Président a eu des difficultés à s'exprimer, et est même resté muet deux minutes.» Et de poursuivre : «Quant à Simone Veil, elle est si heureuse d'être ministre d'Etat! Elle ne vivait que pour ça. C'est la reconnaissance qui la fait parler.»

Quatre jours après les actes d'allégeance au Premier ministre de Simone Veil et François Léotard, lors d'une réunion du groupe RPR à l'Assemblée, les spéculations sur la santé du Président occupent bien des esprits. Une campagne anticipée bénéficierait naturellement à Balladur, champion des sondages. Aussi, les critiques sont-elles acerbes, et le Premier ministre subit une attaque en règle. On lui reproche les déclarations intempestives de ses deux ministres UDF; on l'accuse à mots couverts de trahison, si bien que Balladur, excédé, regrette, en quittant la salle, d'être tombé «dans un traquenard chiraquien».

Cette «mise en examen» du Premier ministre redonne du tonus à ses procureurs. L'un d'eux promet, l'œil mauvais : «Ça va être sanglant. Balladur ne doit pas imaginer que c'est gagné.»

CHAPITRE X

La crise tant espérée

Sondomania aiguë

L'année 1994 commence, pour Balladur, avec le résultat d'un sondage Sofres au délicieux parfum de plébiscite. Un triomphe dès le premier tour : 52 % «votés» par quelque mille sondés! Et, cerise sur le gâteau, le malheureux Chirac, très loin derrière, est talonné par le malheureux Rocard.

Le maire de Paris et ses fidèles accordent la même foi à ces sondages que jadis les habitants de Delphes aux oracles de la Pythie, mais il leur faut réagir. Aussi Jean-Louis Debré dénonce-t-il aussitôt les «limites politiques» de pareilles enquêtes. Et, en privé, d'autres dirigeants du RPR vont jusqu'à suspecter Jérôme Jaffré, le directeur de la Sofres, de manipuler les chiffres.

Soupçons abandonnés sans complexe, à la fin du mois, lorsque le Premier ministre accuse enfin une légère baisse de popularité. Ce recul tant attendu donne du mordant à Chirac. «Jacques est en forme, prêt à la bagarre», vante son manager Jean-Louis Debré. Et chacun de comprendre que ce maladroit de Balladur paie la révision manquée de la loi Falloux sur les aides de l'Etat à l'école privée[1].

Retour de flamme laïc

Pourtant, le Premier ministre croyait avoir joué fin. Immodeste, il avait voulu transformer son essai après les négociations du GATT. En obtenant, le 15 décembre 1993, un vote de confiance à l'Assemblée sur cet accord et sur l'ensemble de sa politique. Et en faisant voter, quelques heures plus tôt, par la majorité sénatoriale, la révision de la loi Falloux, inscrite «à l'ordre du jour en urgence».

------

1. La révision de la loi Falloux permettait des aides des collectivités locales en matière immobilière aux établissements d'enseignement privé sous contrat.

En principe, tout devait sourire à cet habile homme. De nouvelles aides à l'enseignement privé allaient prouver qu'il ne perdait pas son temps, si précieux, à passer des compromis avec Mitterrand. Cette bonne action remplirait de joie et l'aile dure et le courant catho-centriste de sa majorité. Sans lui faire courir le moindre risque, d'ailleurs. Les rapports rassurants des Renseignements généraux évaluaient à la baisse les éventuelles réactions des syndicats de l'Education nationale; et à l'Elysée, le pessimisme était de rigueur. Balladur avait gagné.

Erreur. Deux jours après le vote express du Sénat, alors que démarrent les premières grèves et manifestations, Mitterrand, enfin réveillé, se déclare «surpris et offusqué que l'on puisse ainsi bousculer le Parlement». Etonnant, le cardinal Decourtray conteste, lui aussi, la révision de la loi «enlevée à la hussarde». Mieux, Chirac et Philippe Séguin donnent très vite raison au Président. Et le 3 janvier 1994, lors de la présentation des vœux à l'Elysée, Mitterrand, devant l'assistance méduseé, entraîne le maire de Paris dans un salon privé pour un aimable tête-à-tête.

«La presse est très injuste avec Chirac, qui, lui, n'est pas sournois comme certains», lâchera, peu après, le Président avec une méchante pensée

117

pour Balladur. Quant à Raymond Barre, pourtant partisan d'une révision de la loi Falloux, il flétrira «l'amateurisme» du gouvernement et la «maladresse insigne» du Premier ministre.

Enfin, quand approchent le 16 janvier et la manifestation des laïcs à Paris, le Conseil constitutionnel déclare la principale disposition de cette loi mal aimée contraire à la Constitution. Balladur, qui songe déjà à lâcher prise, s'inquiète à l'idée de voir Mitterrand rejoindre le cortège des mécréants. La veille, en effet – simple rumeur ou plaisante intoxication? – cette mauvaise nouvelle, prenant sa source à l'Elysée et à l'hebdomadaire *Globe*, était parvenue à Matignon.

Une aubaine pour Chirac qui se réjouirait de cette faille dans la cohabitation, selon Nicolas Bazire. N'y tenant plus, le matin même de la manifestation, un conseiller du Premier ministre interroge directement l'Elysée. Balladur est rassuré; Mitterrand ne prendra pas la tête des laïcs en colère qui, par centaines de milliers, sont entrés dans Paris.

Série noire pour Matignon

«La baisse de Balladur dans les sondages

s'explique par la série de mauvaises affaires qui se sont succédé jusqu'au fameux CIP[2], tente d'expliquer un conseiller du Premier ministre. La crise d'Air France, la révision avortée de la loi Falloux, les marins-pêcheurs, la démission d'André Rousselet de Canal Plus, et enfin, le "Smic-jeunes". Chaque fois, les chiraquiens ont violemment critiqué le gouvernement.» Et d'illustrer son propos par un dessin de Faizant, paru dans *Le Figaro*, qui représente Balladur confiant sa voiture à un garagiste, en lui exposant ses malheurs : «Chaque fois que je passe la première, c'est la marche arrière qui s'enclenche.»

«De toutes ces affaires, la plus dommageable pour l'image du Premier ministre fut sans aucun doute celle de Canal Plus et le spectaculaire départ de son président André Rousselet[3]», estime un expert des sondages. Balladur y a mis du sien avec sa prestation lamentable, le 14 février 1994, lors de son *Heure de vérité*, quand il affirmait, sans que son nez s'allonge, avoir suivi l'affaire et appris la mise à l'écart de Rousselet, «comme tout le monde», dans la presse.

---

2. Contrat d'insertion professionnelle.
3. André Rousselet est évincé à la suite d'un pacte d'actionnaires permettant à Havas, à la CGE et à la Société générale de verrouiller le capital de Canal Plus.

Trois jours plus tard, quand *Le Monde* publie le retentissant article «Edouard m'a tuer[4]», dans lequel Rousselet dénonce une mainmise de Balladur sur les médias, trois vaillants conseillers du Premier ministre proposent de répliquer, avec la verdeur qui convient. Ils se déclarent prêts à rédiger un article vengeur, en forme de réponse, à condition de trouver une personnalité pour le signer. Mais personne n'accepte de se dévouer.

Autre mauvais signe, le coup de gueule d'André Rousselet lui vaudra de recevoir de nombreux messages de sympathie signés, eux, par des chiraquiens joyeux de voir Balladur si déconfit. Et de concert, *Le Figaro* écrit le 17 février : «On a peine à croire que le gouvernement n'est intervenu ni de près ni de loin dans l'affaire Canal Plus.»

Le tango du «Smic-jeunes»

«L'affaire du CIP[5] nous a vraiment paniqués», avoue un collaborateur de Balladur.

---

4. En référence à un fait divers récent, le meurtre de Ghislaine Marchal et l'inscription sur un mur : «Omar m'a tuer.»

5. Contrat d'insertion professionnelle qui prévoyait l'insertion des jeunes avec un salaire correspondant à 80 % du Smic, soit 3790,79 F net.

Il faudra moins d'un mois de manifestations pour que les décrets qui ont mis le feu aux poudres soient enterrés sans aucune dignité. Le Premier ministre avait pourtant décidé, cette fois, de ne pas reculer. «On ne voulait pas retirer le projet, par crainte du ridicule», se souvient l'un de ses fidèles.

Puis, il décrit le désordre qui régnait alors parmi les têtes pensantes de Matignon : «On a d'abord téléphoné aux gens de l'Elysée pour qu'ils nous désignent un ou deux interlocuteurs, un ou deux animateurs des grèves ou des manifestations de jeunes. Nous n'en connaissions pas. Et Sarkozy a aussitôt pris contact avec eux, pour négocier. Ensuite, il y a eu le projet de calmer le jeu en s'expliquant. En organisant une émission interactive avec des jeunes, soit sur Fun Radio, soit sur Skyrock. Mais on y a renoncé.»

Foin des idées géniales. Balladur ou Sarkozy intervenant à Fun Radio entre deux conseils du «Doc» sur l'importance des caresses préliminaires, cela n'aurait pourtant pas manqué de cachet. Hélas! tout se conclut, à Matignon, par une banale «Lettre aux jeunes» signée du Premier ministre. Parue dans *Libération*, elle ne laissera guère de trace dans l'Histoire.

En revanche, on se souviendra bien plus d'un

débat à France 2, pendant lequel des jeunes taille-
ront en pièces le fameux CIP. Ravi de ce procès
télévisé d'une initiative de Balladur, Chirac félici-
tera Michel Field, l'animateur de cette émission.

Le 27 mars, après quatre semaines de manifestations à Paris et en province, le CIP est enterré. « Finalement, dira-t-on plus tard au cabinet
de Matignon, cette affaire a permis au Premier
ministre d'expier tous ses ratages antérieurs et de
repartir sur de nouvelles bases. C'est très net
dans les sondages. »

Donc, ça ne se discute pas : l'échec n'est rien si
les sondés applaudissent.

Ciel bleu en Chiraquie

L'espoir renaît dans le clan chiraquien. Mais
comme il ne faut jamais tenter le diable, la tour-
née du maire de Paris en Bretagne, prévue pour
la mi-février, est annulée puis reportée. Les
images télévisées des marins-pêcheurs en colère
dissuaderaient le candidat le plus optimiste[6].

---

6. Depuis le 1er février 1994, les pêcheurs bretons protes-
tent contre la chute des cours. Les affrontements, très violents,
entre marins-pêcheurs et forces de l'ordre feront 61 blessés. Le
15 février, la grève cesse.

Signe du renouveau vernal, les surnoms du Premier ministre fleurissent sur les lèvres de ses adversaires jubilants. Après «l'Intérimaire», «l'Autre» et «le Doudou», voici «Edouaaard...» prononcé façon XVIe arrondissement.

Devant les journalistes, ou lors des dîners en ville, ses détracteurs décortiquent cruellement sa méthode. «Un pas en avant, deux en arrière. Une démarche qui cède à tous les lobbies et à tous les conservatismes», selon Barre qui affiche l'expression d'une tortue prête à mordre.

Le 14 mars, le *Quotidien*, aussi obstiné que son tirage est faible, nage dans le bonheur : «Balladur a perdu sa magie. Jour après jour, sondage après sondage, Jacques Chirac se rassure.»

Et comme les premières rumeurs sur la vie privée ne sauraient suffire, on s'en prend de nouveau au prétendu état psychologique du Premier ministre. Cette sorte de journal parlé qui se renouvelle chaque semaine à Paris est plus insidieux que les médias les plus hostiles. A en croire les colporteurs de mauvais augure, Balladur serait épuisé, découragé, et surtout incapable d'aller au terme de sa mission. Et chacun, rue de Lille, au siège du RPR, de s'en réjouir à l'avance et d'imaginer déjà Alain Juppé à Matignon.

Le nid de serpents

Selon ses proches, Balladur, très atteint par ce ressac de rumeurs, en vient à considérer le siège de son propre parti comme un repaire de tueurs en embuscade.

CHAPITRE XI

Balladur s'exporte

Juppé veut partir

Au printemps 1994, chacun campe sur ses certitudes. Jamais Balladur et Chirac ne se sont montrés aussi volontaires, optimistes et désireux de le faire savoir.

«Quoi qu'il arrive, confie Bazire à Juppé, lors d'un petit déjeuner en tête à tête, Balladur sera candidat.» De son côté, Chirac martèle à qui veut l'entendre : «Le combat sera rude, et quel que soit le vainqueur, Edouard finira en loques.»

Cette volonté d'en découdre ne va pas sans montées d'adrénaline. Le premier à craquer est Alain Juppé. A la mi-mai, le patron du Quai d'Orsay veut démissionner. Il se dit exaspéré de voir Pasqua piétiner ses plates-bandes et furieux d'être tenu en lisière par Balladur. Ce n'est pas sans raison : le Premier ministre s'irrite de l'entente cordiale qui règne entre Juppé et Mitterrand. Lors de plusieurs conseils restreints, le Président a pris un malin plaisir à complimenter le chef de la diplomatie, à le féliciter pour telle déclaration ou tel article publié dans *Le Monde*, et à déguster ensuite l'agacement de Balladur, voire celui de Léotard.

Chirac fera renoncer Juppé à son projet funeste. En pleine nuit, il téléphone pour le convaincre qu'une rupture avec le gouvernement serait mal venue. «Ce n'est pas le moment, Alain», juge le président du RPR.

Balladur aussi appelle son ministre «Alain», mais sans plus, car c'est un chiraquien de choc. Et puis la politique étrangère est l'une de ses lacunes, cela se sait. «La diplomatie, explique un ambassadeur, le Premier ministre n'y connaît pas grand-chose, et ne s'y est jamais vraiment intéressé.»

Au Quai d'Orsay, le jugement est même plus sévère. Les diplomates regrettent de ne pas être davantage consultés, écoutés, avertis des initiatives de Matignon. Chef du gouvernement, Balladur pourrait au moins consentir l'effort de lire les télégrammes diplomatiques les plus importants, grognent encore les hiérarques du Quai. Selon eux, il devrait aussi connaître les positions de nos partenaires, ainsi que le fonctionnement de l'ONU, mais son regard est trop rivé sur l'échéance de 1995. Les diplomates sont bien exigeants.

Balladur se vend mal

Sur la scène internationale, passage obligé pour qui se prétend homme d'Etat et brigue le fauteuil du prince, Balladur ne fait pas un triomphe.

La première équipée importante de cette star des sondages, en janvier 1994, le voit partir pour l'Arabie Saoudite. Alain Juppé et ses services n'ont guère eu voix au chapitre, pas plus que l'ambassadeur de France à Ryad, Jean Bressot. Estimant à juste titre que la venue du Premier ministre ne supposait pas la signature immédiate de contrats, Bressot suggérait de ne pas brusquer les Saoudiens. De plus, chacun aurait dû savoir, à Matignon, que le Roi ne roulait plus sur l'or, et qu'il achetait même son armement à crédit, aux Etats-Unis.

Les deux Bazire, Nicolas et son frère Benoît, directeur de cabinet du délégué général pour l'armement, avaient reçu mission de préparer l'événement. Avec le concours appréciable de Léotard et de Longuet, convaincus tous deux que le Roi et la famille régnante seraient tellement flattés de recevoir le Premier ministre qu'ils auraient le stylo empressé et le contrat facile. «Ça va bien se passer», promet encore le ministre de la Défense, le 8 janvier, lorsque Balladur s'envole.

Faux. Balladur reviendra les mains vides et plus tôt que prévu. Grâce à une excellente idée de Pasqua qui trouve le prétexte des inondations pour inviter le Premier ministre à se rendre en Camargue.

L'échec de l'expédition est confirmé par le succès que remportent, peu de temps après, les Américains : Boeing obtient le contrat que guignait Airbus, et ATT celui qu'espérait Alcatel. Dans les deux cas, Clinton a mis son poids dans la balance. Pour Boeing, il se fait même un plaisir de le révéler en conférence de presse, à la Maison-Blanche.

Mais ses arguments de vente ne se limitent pas à la qualité des produits américains. Le Quai d'Orsay dispose de la transcription d'une conversation interceptée par d'habiles techniciens d'une société française. Téléphonant depuis son avion présidentiel au roi d'Arabie Saoudite, l'imprudent Clinton – la ligne n'était pas «protégée» – y disait pis que pendre de la politique des Français, favorables à la levée de l'embargo contre l'Irak, avec l'espoir de convaincre son royal client d'acheter toujours américain.

Malgré ces efforts et le caractère trop commercial de la visite de Balladur, l'Arabie signe, en février 1994, un important contrat naval avec Paris. Dix mois plus tard, les vendeurs français seront de nouveau en compétition avec leurs rivaux américains pour inciter les Saoudiens à acheter le char Leclerc et des frégates, puis grâce à Pasqua qui se rendra à Ryad le 11 novembre, divers autres matériels pour la défense des frontières.

Un mandarin français chez les Chinois

Après l'Arabie, c'est Pékin que Balladur honore de sa présence. Jacques Friedmann, ami personnel et président de l'UAP, puis Alain Peyrefitte, se sont chargés des préliminaires. La réconciliation avec la Chine est négociée, mais à prix fort : engagement du gouvernement français à ne plus vendre d'armes à Taïwan et reconnaissance de cette «province» comme partie du territoire national.

Chirac participe, à sa façon, au voyage de son rival. Débarquant à Pékin, le 4 avril 1994, Balladur découvre une interview de Chirac dans l'organe officiel du PC chinois, *Le Quotidien du peuple*. Une contrariété qui en vaut bien d'autres.

Stoïque, Balladur endure les provocations des dirigeants chinois, les arrestations de dissidents, retransmises au jour le jour par les quelque soixante-quinze journalistes qui l'accompagnent et profitent de tous les moyens de communication mis à leur disposition par les Chinois, fort serviables pour une fois. L'opération tourne au désastre, pour le plus grand plaisir des chiraquiens. A son retour, le Premier ministre, déconfit, lance à la presse : «Je n'ai de leçons, en matière de droits de l'homme, à recevoir de qui que ce soit.»

Dans le «pré carré» africain, Balladur n'a pas plus la cote. A cause, notamment, de la dévaluation du franc CFA de 50 %, en janvier 1994. Mitterrand a fait savoir à ses homologues africains qu'il déplorait cette mesure, mais que la décision appartenait au seul gouvernement.

Aussi, quand le Premier ministre se rend au Sénégal, en Côte d'Ivoire et au Gabon, en juillet, les chefs d'Etat africains ne débordent pas d'enthousiasme. «Il nous ferait regretter les socialistes!» grince Omar Bongo, président du Gabon. Puis, il se paie la tête de ce nouveau venu : «Ce voyage permet à Balladur de faire un peu connaissance avec l'Afrique, dont il ignore tout. Il a compris que pour être le chef en France, il faut aussi être un chef en Afrique. Mais nous, les présidents africains, gardons tous notre préférence pour Chirac. Excepté peut-être Compaoré[1].»

«Pousser Chirac à la faute»

«Depuis le début de l'année, Sarkozy, Bazire et deux ou trois autres têtes pensantes cogitent pour définir la stratégie de leur champion», explique un membre de l'équipe élyséenne qui a droit aux confidences d'un ami balladurien.

Les ratés de la révision de la loi Falloux, du CIP, doivent être oubliés. Le premier objectif est d'affaiblir Chirac en le discréditant. «Il faut

_____

1. Président du Burkina-Faso.

pousser Chirac à la faute, s'enthousiasme un de ses détracteurs. Le confondre avec son image des *Guignols*, lorsqu'il tire la langue, les yeux exorbités, et que ses oreilles fument. C'est un excité qui veut le pouvoir pour le pouvoir. Les Français doivent le savoir.»

Selon ses lieutenants, la comparaison est, dès lors, à l'avantage du Premier ministre, un homme dont la devise pourrait être «réfléchir avant d'agir»; un excellent gestionnaire qui inspire confiance, et si merveilleusement raisonnable.

Les mêmes stratèges n'espèrent pas mieux qu'une candidature prématurée du maire de Paris. «Ce ne serait rien d'autre qu'une opération d'appareil, espère un ami de Balladur. Et elle entraînerait un beau bordel.» Puis d'imaginer dans la foulée d'autres imprudents ravis de se présenter : Giscard, Barre, Monory. «Quelle remarquable cacophonie ce serait! Quel vent de folie!»

Toujours selon ces plans sur la comète, Chirac sombrerait alors dans les sondages, et après une campagne de presse bien orchestrée, Balladur surgirait, candidat du rassemblement, sauveur de la majorité et, accessoirement, du pays.

Quand Mitterrand s'amuse

La moindre amabilité de Mitterrand envers Chirac rend nerveuse l'équipe de Matignon. Car le Président devient un multirécidiviste : il salue courtoisement le maire de Paris à toute occasion et ne cesse de répéter aux journalistes que la première cohabitation, en 1986, ne s'était pas déroulée de façon aussi terrible qu'on l'a écrit.

Ces mauvaises manières de Mitterrand appellent soit une riposte, soit la conciliation. Va pour la conciliation car, en mars et avril 1994, trois sondages enregistrent une forte baisse du Balladur à la Bourse des valeurs présidentielles. *Paris-Match* titre même : « Balladur : la chute[2]. »

« Il est fini. Ne reste plus qu'à l'achever », clame un second couteau de Chirac. Aussi, à l'instigation de Balladur, ses émissaires Philippe Faure et Nicolas Bazire insistent auprès de Michel Charasse et d'Hubert Védrine pour éviter toute faille dans la cohabitation. « Il s'agit

---

2. En mai, les mêmes sondeurs font remonter la cote du Premier ministre de huit et dix points! Et chacun est prié de sombrer dans la sondomania.

d'amortir ou de nuancer les moindres diver-
gences entre ce que déclarent les uns et les autres,
du côté du gouvernement, et le président de la
République de l'autre», explique l'un des participants.

CHAPITRE XII

Chirac s'analyse

Confidences terrifiantes

Pendant qu'à Matignon, chacun est fermement prié de prendre position, c'est-à-dire d'endosser l'uniforme balladurien, Chirac et les siens préparent la riposte.

«Jacques n'a plus confiance en personne. Il n'écoute aucun conseil. Seule Claude peut lui parler. C'est la voix du sang», explique un ami de Chirac. Et le père doit être à l'image de ce que veut la fille : «Un nouveau Chirac», «Un homme calme», «Une tête politique», «Le futur chef d'Etat idéal». C'est dire si l'entreprise est ardue.

Vecteurs sollicités de cette métamorphose : les

médias. En juin, Chirac déjeune en tête à tête avec divers journalistes, notamment de *L'Express* et d'Europe 1. A chacun il proclame : « Moi, je ne m'intéresse qu'aux défis de l'an 2000. Le gouvernement Balladur n'est qu'une parenthèse. » Et de jouer la carte de la franchise, de la sincérité, de l'authentique. A tel point qu'il donne, à certains de ses interlocuteurs, l'impression de tendre des verges pour se faire battre. « Il est terrifiant de naïveté », constate un invité.

« Je noircis des montagnes de pages pour fixer mes idées, cerner mes lacunes. Puis, tout va au panier », avoue ingénument Chirac à l'un. « Balladur calera », promet-il à l'autre.

Mais parfois, il s'emporte : « Je suis cocu, c'est ça ! On peut dire que je me suis bien planté en le laissant aller à Matignon. Aux déjeuners de la majorité, Edouard, même assis à mes côtés, regarde devant lui. Je cherche son regard, et je ne le trouve pas. »

Dernière confidence recueillie, en forme d'explosion : « Je passe pour un con ! Les journalistes me prennent souvent pour un con ! Et les gens de Balladur, qui ne se gênent pas pour me débiner auprès des journalistes, me font passer pour un con ! »

Un petit bouquin écrit gros

En ce début d'été 1994, Chirac se donne du
cœur à l'ouvrage et se persuade que rien n'est
perdu. D'abord, un candidat à la présidence ne
peut pas gagner sans le RPR. Cela, il le rappelle
à Pasqua qu'il soupçonne de rêver à sa propre
candidature : « Charles, pour devenir Président,
on a besoin du soutien de sa famille. » Ensuite,
croit-il, ce sont les idées qui comptent. Pas les
hommes et encore moins les sondages. Mais là, il
peine un peu pour s'en convaincre.

Que rêver de mieux, pour travailler à un projet de l'an 2000, que l'air pur et l'herbe verte à
cinquante kilomètres de Paris, dans une maison
amie, près de Montfort-l'Amaury ? Chirac ne jar-
dine pas, ne chasse pas les papillons, il se cloître
et noircit rageusement des feuilles et des feuilles.
« On croit que je ne réfléchis pas ! Eh bien, ils
vont voir ! »

Le 20 juin, l'« œuvre » – le terme est de son
conseiller Maurice Ulrich –, imprimée dans le
plus grand secret, sort des presses, et Chirac la
présente au journal de 20 heures de TF1. Le résultat est catastrophique. Pendant la prestation
soporifique de ce « candidat qui n'est candidat

qu'au débat et prend le temps de réfléchir», la chaîne réalise son plus mauvais score d'audience des deux derniers mois.

Le lendemain, tous les députés de la majorité auront le plaisir de découvrir ce petit bouquin au titre prétentieux, *Réflexions 1*, dans leur casier de l'Assemblée. «Un livre qui tient plus de la brochure, remarque l'un d'eux. Et c'est écrit bien gros.»

Surpris par les caméras dans la cour de Matignon, alors qu'il rejoint sa voiture, Balladur déclare avec un sourire forcé qu'il n'a pas encore eu le loisir de lire l'ouvrage de Chirac.

A France 2, il se montre plus caustique. Interrogé par Alain Duhamel, œil pétillant et mèches disciplinées, qui demande si, comme le répète Chirac, il est difficile de réfléchir lorsqu'on occupe Matignon, Balladur répond, souriant et délicieusement méprisant : «Il ne faut pas généraliser...»

Fin juin, pourtant, un ami plein de bonne volonté réunit les deux adversaires. Un déjeuner en tête à tête qui promet lourdeurs et aigreurs d'estomac pour l'après-midi, car Balladur prend congé de Chirac sur cette phrase : «Vous êtes candidat, moi, je suis Premier ministre.»

Lui n'est jamais que candidat par prétérition,

et il vient de le montrer, un mois plus tôt, de fort brutale façon, en envoyant un insolent à la guillotine.

Une tête chiraquienne sur un plateau

Un fidèle n'a jamais la vie facile. Il subit les caprices du prince, ses changements d'alliance, et paie parfois cher sa loyauté. Jean-François Probst, sourire ravageur et physique à la De Niro, avait déjà dû s'éloigner de Pasqua, pour complaire à Chirac.

Cette fois, ce sont ses fonctions de chargé de mission au cabinet de Michèle Alliot-Marie, ministre de la Jeunesse et des Sports, qu'il doit abandonner. Présenté dans *L'Express* comme «L'homme qui préfère Chirac», Jean-François Probst déclare que le Premier ministre «ne devrait pas rompre un pacte articulé sur la fidélité». C'en est trop, «l'infidèle» Balladur exige aussitôt la tête de Probst, et contrôle personnellement le texte de l'arrêté qui paraît, le 28 mai au *Journal officiel*, et met fin aux fonctions du criminel.

Comme dans toute guerre, chacun se méfie de

l'espion infiltré dans ses lignes. A Matignon, on traque le chiraquien camouflé. Dans la cellule présidentielle de Chirac, on croit même qu'un traître informe l'adversaire. Maurice Ulrich, Claude Chirac et François Baroin s'alarment, mais peut-être ne s'agissait-il que d'un bavard. Car personne ne sera exécuté devant l'Hôtel de ville.

Dans l'ombre, ne sévissent pas que les espions, il s'y trouve aussi des candidates au rôle de «first lady». «Il ne faut pas négliger l'influence de l'entourage familial sur l'ambition d'un leader, affirme un connaisseur. Pasqua est encouragé par son fils, Balladur par son épouse, Marie-Josèphe, qui se rêve en première dame de France. Et du côté de Chirac, il faut ajouter, à la ténacité de sa femme Bernadette, l'opiniâtreté de Claude.»

Dans ce jeu de dames, Marie-Josèphe Balladur n'a guère besoin d'encourager son champion. Et elle décrit à sa façon l'équipe de l'adversaire : «Chirac a un entourage catastrophique, à commencer par sa fille, confie-t-elle à une amie. Elle aurait pu se caser ailleurs, ce n'est tout de même pas un cas social. Le petit Baroin, je ne sais pas ce qu'il vaut. Quant à Maurice Ulrich, il est bien âgé. Ulrich, voyez-vous, c'est un nom associé à l'idée de défaite.»

Longuet dans le collimateur chiraquien

Mais les «juges intenables», comme on les qualifie désormais, peuvent modifier les rapports de force et compromettre bien des projets. Balladur, qui avait refusé, en 1993, de croire aux mauvais présages, comprend, un an plus tard, que son gouvernement n'est pas à l'abri de ces inquisiteurs.

Et s'il s'inquiète de devoir bientôt leur abandonner Alain Carignon[1], son ministre de la Communication qui finira par connaître le cachot, Balladur s'alarme bien plus pour Gérard Longuet. Ministre de l'Industrie et président du parti républicain, Longuet est l'une des vedettes du film annoncé. Au jour choisi, il doit lancer un «Appel à Balladur», barrer la route à Giscard, à Barre, et calmer les mauvaises humeurs de certains UDF.

---

1. Le juge lyonnais Philippe Courroye reproche à Carignon, maire de Grenoble, un «pacte» conclu avec la Lyonnaise des eaux. Selon le magistrat, en échange d'une privatisation de la distribution d'eau dans la ville, la Lyonnaise a notamment comblé le déficit, évalué à six millions, du petit groupe de presse d'Alain Carignon, *Dauphiné News*.

C'est dire si les enquêtes du juge Van Ruym-beke risquent de ruiner cet excellent plan. Car ce magistrat teigneux ne s'intéresse pas seulement aux sources de financement du parti de Longuet, mais aussi à sa villa tropézienne[2]. Et comme *Le Canard* consacre de nombreux articles aux malheurs de son ministre, Balladur interroge deux de ses relations, censées connaître certains journalistes de l'hebdomadaire. Pour savoir si *Le Canard* va persévérer.

Au même moment, un dirigeant RPR se flatte, devant un conseiller de l'Elysée, de savoir pourquoi la justice se passionne tant pour Longuet, et du rôle joué par certains «compagnons» : «Ce qui lui arrive, ce n'est pas un hasard!» dit-il. Puis, devant la surprise de son interlocuteur, il insiste : «Ce n'est pas un hasard et, tu le sais, je ne t'ai jamais menti.»

Quelques mois plus tard, en septembre 1994, un proche de Chirac annoncera brutalement qu'il cherche «des dossiers sur Sarkozy». Et, fai-

---

2. Gérard Longuet est mis en cause dans deux dossiers d'instruction du conseiller Van Ruymbeke. Le magistrat s'interroge sur l'origine des fonds qui ont permis au ministre de faire construire sa villa de Saint-Tropez. Et d'autre part, sur le financement par des entreprises du siège du parti républicain.

sant mine d'éprouver une vive componction : «C'est triste d'en arriver là, mais la guerre est impitoyable. Sarkozy déclenche des enquêtes fiscales sur plusieurs de nos amis, et il débauche des députés en leur promettant n'importe quoi. »

La vie parlementaire n'est pas joyeuse pour les élus de la majorité, tiraillés entre les deux clans. «Certains n'osent plus bouger le petit doigt, explique un habitué du Sénat. Ils se sentent fliqués et ils le disent. »

Les gens de Balladur leur font savoir que le Premier ministre a la mémoire longue et qu'il ne se montrera pas ingrat, le moment venu. Dans le camp adverse, le langage est plus cru : «N'oubliez pas à qui vous devez votre place, qui vous a fait roi... » Et pour pallier le manque évident d'enthousiasme de nombreux élus : «Si Chirac passe sans que vous l'ayez soutenu, le rouleau compresseur vous broiera. »

CHAPITRE XIII

Mauvais chiffres
et mauvaises langues

Comédies pour l'Europe

« C'est agréable, une élection dont tout le monde se moque. En tout cas, le Premier ministre n'a pas à en craindre le résultat. » Ce soupir de soulagement de Sarkozy, toujours en représentation et bien cosmétiqué, n'est pas partagé par tous, à Matignon. L'enjeu européen compte aussi pour les présidentielles, lui fait-on remarquer.

Balladur, qui avait commencé, en 1993, par refuser de conduire une liste unique de la majorité, accepte, avant de refuser à nouveau. « Cela aurait pu se transformer en un vote pour ou contre le gouvernement», explique franchement un de ses conseillers. Mais la valse hésitation continue : à l'automne 1993, le Premier ministre lance le nom d'Alain Juppé, puis change encore d'avis, en janvier 1994. De l'autre côté de la Seine, Chirac s'excite aussi sur le sujet, avance puis recule en regrettant le refus de l'UDF de se ranger derrière lui. Ses convictions européennes sont trop discutables.

Ailleurs, les vocations s'épanouissent. Philippe de Villiers part en croisade, Tapie enfourche son dada, le «chômage illégal des jeunes», et Rocard prend, le visage crispé et le verbe confus, la tête de liste socialiste.

En avril 1994, Jean-François Deniau fait un petit tour de piste comme candidat à la candidature. C'était compter sans Giscard et son complice Chirac. Deniau est vite contraint de laisser la place au tiède Toulousain Dominique Baudis, intronisé pour gêner Balladur.

La campagne européenne occupe plus les médias qu'elle n'enthousiasme les foules. Et dans ce désordre ambiant, où le débat politique n'est guère à l'honneur, quelques représentants du bouillon philosophico-littéraire lancent une liste «Sarajevo». Bernard-Henri Lévy occupe les écrans, noircit plusieurs pages des journaux et

146

rencontre discrètement Balladur, le 23 mai au soir. La liste «Sarajevo» n'inquiète pas seulement le parti socialiste, mais aussi les chefs de la majorité.

Finalement, Giscard, Balladur, Sarkozy et Rocard, soulagés, verront disparaître cette liste «de trop». Mais ce forfait tant espéré ne sauvera ni Rocard ni Baudis. Pour le maire de Toulouse, le mauvais coup vient du camp majoritaire, et du malin Pasqua. Pendant un meeting, et en présence de Balladur qui n'ose souffler mot, le ministre de l'Intérieur lâche, d'une voix suave, qu'un électeur de droite peut aussi bien voter de Villiers que Baudis.

Au soir du 12 juin, les 14,5 % de Rocard et les 25,5 % de Baudis ne redistribuent pas les cartes, même si le médiocre résultat du premier annonce sa prochaine mise au placard. En revanche, les scores de Tapie et de De Villiers (12 % et 12,3 %) risquent de nourrir de nouveaux appétits et d'encombrer la route du paradis élyséen.

Tapie jure pourtant qu'il ne veut que Marseille, mais de Villiers, lui, annonce brutalement qu'il vendra cher ses bulletins de vote, en 1995.

Statistiques contrariantes

Les chiraquiens ouvrent le feu, en juillet, dans l'espoir de rattraper le temps perdu. Les chevau-légers Debré, Pons et Baroin prennent pour cible la politique économique du Premier ministre. Avec des arguments encore plus violents que ceux utilisés jadis pour agresser les socialistes.

Les promesses lénifiantes de Balladur qui annonce une amélioration du chômage avant la fin de l'année, sont contrariées par les chiffres. Où est la reprise? s'indignent les chiraquiens. Et de réclamer, une fois de plus, « une autre politique ».

Mais quelle autre politique? A Matignon, on fait mine de s'étonner en présence de journalistes, mais on ricane franchement devant ceux, déjà nombreux, qui ont choisi le bon camp et colportent la bonne parole balladurienne. En suggérant, par exemple, que l'image du « nouveau Chirac », homme réfléchi et serein, risque d'être quelque peu ternie par la violence de ses troupes.

« Cela devrait relancer les interrogations sur sa vraie nature, sur son caractère agité », observe, satisfait, un jeune collaborateur de Balladur. Avant de noter que le récent exercice littéraire du président du RPR n'a pas amélioré ses mauvais scores dans les sondages.

L'espionnage, par les Renseignements généraux, de la réunion à huis clos du conseil national du PS, le 19 juin, fournit au *Canard* l'occasion d'ironiser sur le zèle de certains policiers, puis à Bernard Pons et quelques autres, le plaisir de jouer les vierges effarouchées pour s'en prendre à Pasqua.

« Il s'agit d'une affaire très grave, juge, la main sur le cœur, le président du groupe RPR à l'Assemblée. Elle porte atteinte à la démocratie. » Le ministre de l'Intérieur laisse, en petit comité, libre cours à sa fureur et accuse ces chiraquiens, qui manquent bougrement de mémoire, de mener campagne contre lui et Balladur, sous un prétexte futile. « De telle sorte que les RG soient inutilisables avant l'élection présidentielle », gronde-t-il.

Cet épisode renforce la phobie des écoutes téléphoniques dans les cabinets ministériels et les états-majors. Les collaborateurs de Roussin, Méhaignerie, Alphandéry ou Pasqua préfèrent le contact direct aux conversations véhiculées par France Télécom. Et certains rusent : « Une conversation sur une ligne directe de mon ministère est trop risquée, explique un directeur de cabinet.

Souvent, je rappelle mon interlocuteur en utilisant une ligne ordinaire qui passe par le standard du ministère. Il est alors impossible de m'enregistrer...»

Sarkozy, lui, fait une grande consommation de téléphone. Secondé par son cabinet, il ne tente pas seulement de séduire des journalistes, il veut aussi convertir au balladurisme joyeux divers membres de la fameuse «société civile». En laissant entendre, mais il faudrait être sourd pour ne pas comprendre : «Il y a les gens qui étaient pour de Gaulle en 1940, et ceux qui l'ont rallié en 1944.» Bien sûr, la comparaison avec le Premier ministre va de soi. Nicolas Bazire, qui se livre au même travail ingrat de missionnaire, essuie le refus d'Alain Prost qu'il voulait enrôler dans un futur comité de soutien à Balladur.

La vengeance du banquier

Retour de bâton. En cet été 1994, Bazire est victime de nouvelles rumeurs, venues de l'Hôtel de ville et du RPR : le directeur de cabinet de Balladur a été chassé de la Marine pour «inaptitude au commandement», affirment ses adversaires enragés, le regard lourd de sous-entendus.

Informé du propos, Bazire s'emporte et dément ce qui n'est qu'une nouvelle médisance sur sa prétendue homosexualité.

La permanence de ces attaques personnelles, et même les moins violentes, mettent Balladur au supplice. Le 22 juillet, il accepte la distinction de citoyen d'honneur d'Izmir, sa ville natale, que lui remet la souriante et très autoritaire Tansu Ciller, chef du gouvernement d'Ankara, en visite à Paris. Mais hors de la présence des caméras. Balladur ne peut supporter les rumeurs sur les origines de sa famille que ses adversaires disent soit turque, soit arménienne, et de toute façon étrangère.

Jean-Yves Haberer est entré dans ce jeu désagréable. Limogé de la présidence du Crédit lyonnais, en novembre 1993, puis de celle du Crédit national, quatre mois plus tard, Haberer s'affirme victime d'un «lynchage médiatique».

Dans un entretien enregistré, en mars 1994, par des journalistes de *Globe*, cet ancien collaborateur de Michel Debré, nommé directeur du Trésor par Raymond Barre, s'il ne lui attribue pas de «nationalité étrangère», s'en prend néanmoins au comportement de Balladur qui l'a «démissionné» à deux reprises. Son plaisir est évident, mais cette partie de l'interview ne sera pas publiée par *Globe*, dans son numéro du 12 avril 1994 :

« Il y a une autre chose que je résumerais par le terme d'"explication ottomane". Edouard Balladur vient d'une famille établie à Smyrne de longue date. C'est un Ottoman de manière caricaturale. Je dis cela car je le connais depuis trente ans, même si ce n'est pas un ami de trente ans, pour reprendre une formule consacrée (...) Sous ses airs de placide bourgeois français, il incarne la perfidie du sérail. Elle est sans limites. Il y a un cas désormais de portée nationale, sa relation avec Jacques Chirac. Pour mon modeste problème, c'est un peu la même chose. Balladur, en fait, voulait me liquider depuis toujours. Il l'a déjà fait en 1986 (...) de la manière la plus désagréable car, après une longue traversée du désert, il prenait plaisir à pouvoir couper des têtes. »

CHAPITRE XIV

L'offense à Mitterrand

Discours gauche
pour hommes de droite

Le discours sur le chômage et son cortège de
désespérances n'est pas l'apanage des seuls socialistes. En ce chaud mois d'août, la pluie des mots
tient lieu d'orages désirés. Le bal est ouvert, le
23, et pour trois jours, par un Jacques Chirac au
verbe grave : «La France est dans une situation
sociale sans précédent», déclare ce fin observateur, à France 2. Le lendemain, même discours, même mine sombre, cette fois à TF1 : «Il
n'y a pas de liberté quand on est exclu. Ce n'est
pas acceptable.» Et de rappeler la «vocation sociale du gaullisme», le surlendemain, à RTL,

sous forme d'autocritique : «Les gaullistes l'ont un peu oublié.»

Evidemment, Balladur ne peut laisser son adversaire s'avancer seul sur ce front. Il fait donc savoir que, dès juillet, il avait indiqué à ses ministres que le gouvernement allait «engager un programme de lutte contre l'exclusion». Sarkozy lui fait écho, annonçant que le budget 1995 sera un budget de lutte contre le chômage et l'exclusion.

Incapable de laisser le monopole du cœur à ses ennemis intimes, Giscard y va d'une brutale révélation, le 25 juillet, à Europe 1 : «Le chômage est le plus grand problème.»

Mais Balladur reprend aussitôt l'avantage. Dans *Le Parisien*, il promet que l'Etat conservera une part majoritaire du capital de Renault, assure que la France va mieux, et prend un gros risque : «Un taux de chômage à 8 % n'a rien d'irréaliste», dit-il, écartant, avec mépris, les presque 12 % de 1994.

Les journées parlementaires du RPR, prévues en septembre, à Colmar, n'échapperont pas à cet enthousiasme collectif. Thème choisi et applaudi : «Face à l'exclusion, la solidarité.»

Mitterrand résiste aux diagnostics

Avant d'occuper la scène, grâce au livre de Pierre Péan et à la polémique sur son passé vichyste, Mitterrand n'intéresse les candidats en attente que pour sa santé. L'enjeu est clair. Chacun doit prendre en compte le danger que représente une élection présidentielle anticipée.

Le 16 juillet, Mitterrand a subi une nouvelle opération chirurgicale, qui n'est rendue publique que deux jours plus tard. Le 19, *Le Monde*, qui publie deux articles sur le ton : « c'est plus grave qu'on le dit », s'attire les foudres du professeur Bernard Debré, chef du service dans lequel s'est déroulée l'intervention. Le futur ministre de la Coopération fustige « les bavards » qui ne peuvent appartenir qu'au milieu hospitalier.

Les rumeurs sur la santé du Président ne datent pas de cet incident. Le jour de Noël 1993, de retour de Bosnie où il venait de réveillonner en compagnie des Casques bleus français, Léotard confiait déjà à un journaliste de l'AFP que Balladur s'attendait à voir Mitterrand quitter ses fonctions avant 1995.

Avec pareil confident, la nouvelle alimenta aussitôt dîners en ville et conversations diverses.

Simone Veil ne fut pas en reste qui, la langue tout aussi pendue, colporta ces rumeurs jamais en mal d'oreilles. En février 1994, Mitterrand réagit vivement, et fit alors savoir qu'il ne pardonnerait jamais à Balladur d'avoir évoqué sa santé avec ces deux impatients. «Que le principal collaborateur de Pompidou, dit-il, fasse courir de tels bruits est inadmissible.»

En juillet, Léotard est cette fois flanqué de Juppé pour reprendre l'antienne. Tous deux affirment que Pasqua, toujours dans le secret des Dieux, a informé Balladur de l'aggravation du cancer de Mitterrand, qui songerait à un départ prématuré.

Cette santé est l'objet de toutes les attentions. «Lorsque je les vois pénétrer dans mon bureau, ou dans la salle du Conseil des ministres, je les sens préparer leur diagnostic», s'indigne Mitterrand. Et quand Pasqua annonce que le malade supporte mal son traitement, ce qui est exact, Mitterrand jure qu'il ne compte pas «leur abandonner» un seul jour de son mandat. «J'irai jusqu'au bout», répète-t-il pour que son propos soit bien perçu par les futurs candidats à sa succession, qu'il sait pourtant peu impatients d'en découdre sur l'heure.

Mitterrand a d'autres raisons de s'emporter.

Balladur joue au vice-président, comme le remarque la presse, et gâche sa convalescence. Le succès immérité qu'il veut tirer de l'opération Turquoise[1], alors qu'il s'était montré très réticent à l'égard de cette intervention humanitaire au Rwanda, agace autant Juppé que le Président.

La cohabitation Mitterrand-Balladur prend dès lors un virage dangereux. Le premier découvre un motif fort valable de détester le second, et il l'avoue à un membre du gouvernement qu'il reçoit en tête à tête.

« Votre Premier ministre a tendance à considérer que je n'existe plus », déclare Mitterrand, d'un ton peu amène. Et il évoque, devant son interlocuteur, un incident survenu le 15 août, lors du cinquantième anniversaire du débarquement en Provence.

Ce jour-là, après la revue navale, Mitterrand avait présidé une sorte de conseil restreint à bord du porte-avions *Clemenceau*. Balladur, Pasqua, Léotard, Juppé, Roussin et l'amiral Lanxade l'entouraient. « Nous avons parlé de la Bosnie, du Rwanda, de l'Algérie, et arrêté quelques déci-

---

1. Le 22 juin 1994, l'ONU autorise, sur proposition de la France, la mise en place d'une opération multinationale d'assistance aux civils au Rwanda. L'opération Turquoise mobilisera 2 500 militaires français.

sions, se souvient l'un des présents. Et le soir même, au micro de RMC, le Premier ministre, parlant de politique étrangère, gommait totalement le Président en abusant du "Je".»

Puis, ce qui envenime encore les relations entre les deux hommes, Balladur tente d'obtenir de quelques médecins un diagnostic en forme de pronostic sur le cancer présidentiel. Ce qui provoque ce commentaire d'un ministre qui connaît bien ce vieil adversaire : «Mitterrand aime bien parler de la mort, et de sa mort, mais quand il en prend lui-même l'initiative. En revanche, il n'aime pas qu'on spécule sur sa fin. D'ailleurs, personne n'aimerait ça...»

La course aux pronostics

Mais le comble, pour un Président jaloux de ses prérogatives, sera la découverte, dans *Le Figaro* du 30 août, d'un long et ennuyeux entretien de Balladur en forme de lèse-majesté. Le titre, à lui seul, «Notre politique étrangère», met Mitterrand en fureur. Un message oral est aussitôt transmis à Matignon, façon d'inviter le Premier ministre à davantage de retenue et à moins d'impatience.

Puis, profitant d'une réunion des ambassadeurs au Quai d'Orsay, Mitterrand, sans s'aider d'aucune note, rappelle ses prérogatives en matière de politique étrangère. Une initiative qui n'est pas pour déplaire à Juppé, heureux de voir Balladur se faire moucher.

Les rumeurs qui persistent sur la santé du Président auront enfin pour résultat d'encourager les chiraquiens à lancer, quasi officiellement, la campagne présidentielle, lors de l'université des jeunes RPR, à Bordeaux, au début de septembre.

Certes, Balladur caracole toujours en tête des sondages, mais un proche de Chirac est formel : «D'après nos informations, Mitterrand devrait mourir entre le 15 janvier et le 10 février 1995. Mais dès la fin novembre, il devrait être indisponible.»

CHAPITRE XV

Un été avec Pasqua

La chanson des RG

L'été 1994 voit Charles Pasqua s'imposer sur tous les fronts, dans tous les médias et enchanté d'occuper une scène que personne ne lui dispute. Sa cote de popularité? Superbe, selon une note que lui remet, à la fin de septembre, Yves Bertrand, le directeur du Service central des Renseignements généraux, sans employer, bien sûr, ce raccourci trop flagorneur. Mais à en croire cette aimable synthèse des rapports RG de quatre-vingt-quinze départements, les Français «approuvent massivement» l'action du ministre de l'Intérieur.

Que les RG chantent ou non la chanson qu'on attend d'eux, et en forçant un peu la note, qu'importe. A gauche comme à droite, et même chez ceux qui le regardent de travers, on n'ignore pas la bonne cote de Pasqua à la Bourse des politiques. Et le plaisir qu'il prend à s'en targuer. Le 12 octobre, par exemple, le geste désinvolte et l'œil goguenard, Pasqua évoquera cet hommage rendu à ses mérites, document à l'appui, devant les trois journalistes du *Monde* venus enregistrer un entretien.

C'est dire si les Juppé, Méhaignerie, Veil, Léotard et Roussin, tous tenus en piètre estime, n'impressionnent guère l'intouchable Pasqua, ce bulldozer dont Balladur a tant besoin.

Juppé sur la touche

Le conflit permanent entre Pasqua et Juppé ne tient pas seulement de la querelle d'un chef de clan chiraquien avec un pro-Balladur sans-gêne.

Pour le patron de la diplomatie qui surveille ce grognard devenu «faiseur de rois», avec le regard glacial du technocrate inquiet, Pasqua est le plus insupportable des procureurs. Celui qui se sait tout permis. Au début août, les collaborateurs de Juppé expriment la dernière fureur de leur ministre: «Un journal de TF1 où Pasqua s'en prend aux Américains, aux Allemands et aux Britanniques, tous accusés de complaisance à l'égard des islamistes algériens, passons... Mais encore la même diatribe de Pasqua au journal de France 2, le lendemain, bonjour les dégâts! Et à nous de ramasser les morceaux.»

«L'insupportable», lui, ne s'émeut guère du prurit qu'il provoque. Depuis longtemps, il méprise autant le Quai d'Orsay que son collègue Juppé. Arrogant, il parle et agit comme bon lui semble, convaincu que ces gens ne connaissent rien à l'Algérie, rien aux Algériens, et qu'ils ont tort de croire à une victoire des islamistes.

Pasqua tente même de dicter sa politique algérienne. Après une série d'arrestations de barbus et leur expulsion en Afrique, au Burkina, il s'invite à la télévision et clame : «Le choix réside entre la capacité des dirigeants algériens à maîtriser la situation et l'arrivée au pouvoir des intégristes.»

Et l'on voit alors Balladur quitter son bureau pour la cuisine. Il prend du Pasqua, y ajoute un zeste de Juppé, agite le tout pour bien mélanger et s'en va affirmer, devant micros et caméras, que c'est de la bonne politique étrangère.

Le Premier ministre sait pourtant que rien n'est jamais simple avec Pasqua, qui a entamé un dialogue avec ces islamistes tant décriés. Ce que

Juppé ignore d'ailleurs, car ni Balladur ni son ami Charles n'ont daigné l'en avertir.

Quatre mois plus tôt, en effet, le 7 avril, Jean-Charles Marchiani, préfet et vedette des mystérieux réseaux Pasqua, avait rendu visite à Rabah Kébir, le porte-parole du FIS exilé en Allemagne. Avec mission de proposer aimablement, au nom de Balladur et du ministre de l'Intérieur, que la France se porte garante d'un éventuel accord entre les militaires et le FIS. Une démarche qui resta sans suite.

Cette version clandestine de la politique de Paris fera hurler les généraux d'Alger, quand ils en connaîtront les détails. Mais on les calmera avec quelques contrats d'armes, une livraison d'hélicoptères et le retour au scénario précédent. Celui où l'on prie ces valeureux militaires de contenir le danger intégriste, et d'éviter surtout un exode massif d'Algériens vers la France.

Carlos en colis recommandé

L'été n'en finit pas de sourire au ministre de l'Intérieur. Le 14 août, à Khartoum, le général Philippe Rondot et une équipe de la DST récupèrent Carlos et le ramènent à Paris par avion spécial. Ravi de l'aubaine, Pasqua remercie aussitôt les dirigeants soudanais.

Furieux de ces propos qu'il estime bien trop conciliants à l'égard des islamistes de Khartoum, Alain Juppé dégaine et lance une mise en garde, le 19 août : « Il n'y a aucune raison de changer de politique vis-à-vis du Soudan. Nous avons avec ce pays des relations prudentes. »

Trois jours plus tard, le chiraquien Juppé en remet contre Pasqua, l'odieux balladurien. Il rappelle que la France a condamné le Soudan à la Commission des droits de l'homme de l'ONU. Que ces barbus mènent une répression sauvage au sud du pays, contre les rebelles chrétiens et animistes. Et, reproche suprême, que le Soudan est un sanctuaire pour les commandos d'intégristes égyptiens, algériens et palestiniens.

Mais le cadeau des Soudanais à la DST éveille aussi d'abominables soupçons. Au Quai d'Orsay, aux Finances, à la DGSE et même à Matignon, on s'interroge à voix basse. Et si Pasqua avait promis à ces Soudanais peu fréquentables ce que deux journaux saoudiens détaillent avec gourmandise et intention de nuire[1] ? A savoir des cré-

---

1. *Ashark Al Awsat* et *Al Hayat*, deux quotidiens qui paraissent à Londres.

dits pour l'importation de produits alimentaires, la reprise des recherches pétrolières par Total et l'engagement de défendre le Soudan devant la Commission européenne et le Fonds monétaire international.

Rien ne viendra confirmer ces soupçons, du moins jusqu'en janvier 1995, mais avec Pasqua, ce touche-à-tout, la méfiance est toujours de règle, même dans les eaux de la majorité.

Le suspect, qui a la mémoire rancunière, voudra se venger. Dans un entretien accordé au *Monde* [2], six lignes venimeuses seront consacrées à Juppé que Pasqua invite à choisir entre le Quai d'Orsay et le poste de secrétaire général du RPR. En clair, à quitter le gouvernement.

«Mais qui aujourd'hui gouverne en France? grogne alors Pierre Mazeaud, chiraquien historique. Balladur ou Pasqua?» Mouché, le Premier ministre veut répondre. Il convoque Juppé, Pasqua et aussi Léotard qui, ne doutant de rien, vient de semoncer Clinton. Chacun est invité au calme mais Juppé, à peine sorti de l'Hôtel Matignon, feint de découvrir cette vérité première: «La folie politique s'est emparée du pays.»

---

2. Le 15 octobre 1994.

Cette «folie» vue d'Afrique

«C'est vraiment chaud, à Paris, avec toutes ces affaires judiciaires!» s'exclame, souriant, un ministre africain. Et il annonce à un diplomate du Quai : «Balladur n'a aucune chance d'être élu Président, on a mis tous nos fétiches contre lui.»

Ironisant sur les affaires de corruption et les démissions de ministres balladuriens, d'autres Africains prennent leur revanche : «Chez vous, c'est comme chez nous. Alors arrêtez de nous faire la leçon!»

Quant à Omar Bongo, le rusé patron d'un Gabon de 700 000 habitants, il ne niait pas, lors d'une visite à Paris, en juin, s'être souvent montré généreux avec le RPR et, dans une moindre mesure, avec le PS. Avant d'ajouter : «Si quelqu'un veut donner de l'argent pour une campagne électorale, ça peut passer par moi... Mais pour l'instant, on ne m'a rien demandé à Paris. Et puis, je suis malin! Quand je vais voir certains hommes politiques français, je me fais accompagner de quatre ou cinq collaborateurs. Alors, on n'ose rien me demander...»

Et Bongo de s'esclaffer. Mais les obligés de ce

bienfaiteur bavard auraient tort de désespérer. Sa cassette n'est d'ailleurs pas la seule à s'entrouvrir, quand il le faut. Il y a toujours un petit parfum d'Afrique dans les élections françaises.

CHAPITRE XVI

Des mots pour blesser

«Jacques fait plus peuple»

Le RPR n'est pas «à la veille de déchirements épouvantables», veut se persuader Alain Juppé. Mais le menton se fait moins volontaire quand, le 24 août à RMC, il jette le trouble, déclarant: «Le moment venu, le RPR devra choisir» entre Chirac et Balladur.

Pourrait-on passer ainsi de l'un à l'autre sans le moindre remords? La loyauté à l'égard du gouvernement, la crainte de voir des élus se déchirer et des électeurs se disperser, cela méritait-il pareille ambiguïté? «Jacques a reçu la déclaration de Juppé comme un coup de poignard dans le dos», s'émeut un proche du maire de Paris.

Neuf jours plus tard, le crime est pardonné. Lors de l'université des jeunes du RPR, le 2 septembre à Bordeaux, Juppé rassure Chirac. Enthousiaste, et sur le ton du chef scout rassemblant sa patrouille, le ministre des Affaires étrangères crie dans le micro : «Que Jacques Chirac nous montre le chemin!» Philippe Séguin ne pouvait en faire moins. Le lendemain, au côté de son ennemi intime Juppé, le président de l'Assemblée confirme son allégeance au maire de Paris.

Toujours trop défavorables, les sondages – «ces tables de la loi des temps incertains», dit avec dédain Chirac – ne découragent pas ses partisans. «Jacques fait tout de même plus peuple!» s'indigne un proche. «Il faut forcer Balladur à sortir du bois, à se déclarer candidat. L'attente le sert», martèle un stratège. «Il va se montrer de plus en plus actif, entreprenant. Et il profite de la maladie de Mitterrand pour peaufiner sa stature de présidentiable.»

Vœux pieux. Les sondages, portés au pinacle par la caste politico-médiatique, maintiennent leur verdict, et Chirac ne peut faire moins que de se déclarer «candidat au débat».

Le Premier ministre gardera rancune à Juppé pour son engagement trop bruyant. Toléré par obligation et tenu en lisière dans son Quai d'Orsay, Juppé devient insupportable dès qu'il enfreint la consigne, édictée par Balladur, qui n'autorise les engagements militants qu'à partir de janvier.

Les représailles ne se font pas attendre. Balladur boude Juppé, ne lui adresse plus la parole que du bout des lèvres, lorsqu'il y est vraiment contraint lors des conseils interministériels.

Supplément d'âme pour Chirac

Trois semaines après l'éclat de Bordeaux, Balladur subit l'épreuve des journées parlementaires du RPR, les 22 et 23 septembre, à Colmar. Avec l'obligation d'écouter tous ces gens qui l'insupportent, et sans savoir que, dans les couloirs de ce gala chiraquien, circulent encore des rumeurs malsaines le concernant.

«Le choix d'un candidat se pose, il faut y faire face», lance Juppé qui réclame «une règle du jeu», mais reste sceptique quant à l'organisation des fameuses primaires.

En public et devant les caméras, le match Balladur-Chirac se limite à un échange de balles vicieuses, sans permettre à l'un des joueurs de gagner le service de l'autre. Le maire de Paris porte

171

le premier l'estocade, affirme sa détermination, puis évitant de citer le nom de son rival, il l'écorche et émaille son discours de sous-entendus vachards.

«Le gaullisme, déclare-t-il, pompeux, c'est d'abord un supplément d'âme.» Et de dénoncer la politique des technocrates, obsédés par les sondages. Et de gémir, car «les vraies réformes sont encore devant nous». Et d'annoncer aux parlementaires qu'avec Balladur, ils risquent de se retrouver sans emploi : «Quelques-uns, dans l'ombre, à droite ou à gauche, appellent de leurs vœux et préparent déjà une recomposition du paysage politique, au lendemain d'une dissolution de l'Assemblée.»

Le lendemain, posé et avec cet air de ne pas y toucher qui horripile ses détracteurs, Balladur réplique devant un Chirac pétrifié comme si la Gorgone venait de s'emparer du micro. Le patron du RPR serre les poings lorsque le Premier ministre, sur un ton presque méprisant, rend hommage à la «grande part prise par Monsieur Chirac» dans le succès de mars 1993. Paternel, pour répondre à l'intention qui lui est prêtée de vouloir dissoudre l'Assemblée, s'il accédait à la présidence, il souligne qu'une législature dure cinq ans.

Enfin, toujours sans élever le ton, ni le débat d'idées d'ailleurs, Balladur, cruel, fait remarquer que les héritiers du général de Gaulle n'ont pas occupé l'Elysée depuis un quart de siècle. Et il désigne implicitement Chirac comme le responsable des trois échecs de 1974, 1981 et 1988.

C'en est trop mais, preuve que les coups portent, la salle n'explose pas. En coulisses, on se venge et les commentaires se font hargneux. Eric Raoult, secrétaire général adjoint du RPR, éructe en présence d'un journaliste du *Monde* : « Nous, les gaullistes, nous avons gagné contre les Allemands il y a cinquante ans ; nous avons lutté contre les socialo-communistes pendant des années ; nous n'allons quand même pas perdre, demain, contre les sondages ! »

Quant à Jean-Louis Debré, qui se croit une vocation de polémiste, il parle désormais de « Monsieur Balladur ».

Dans un style plus assassin, l'écrivain Denis Tillinac, un « ami de vingt-sept ans », y va aussi de sa diatribe. Avec l'assentiment de Chirac, il publie dans *Le Monde* la défense du « gaullisme populaire » opposé aux « jeunes gens bien nés et bien placés, ivres d'eux-mêmes et armés d'une rhétorique high-tech : nous sommes les meilleurs et notre heure est venue ».

173

Quant au balladurisme, Tillinac estime qu'il « sent un peu le lingot ou le magot[1] ». Ne manque plus qu'un appel aux « Damnés de la terre ».

Angoisses d'un futur Président

« Ce n'est pas le déroulement de l'élection présidentielle qui nous préoccupe à Matignon, mais ce que pourra faire Balladur une fois installé à l'Elysée », s'alarme un lieutenant du Premier ministre.

Depuis l'été, quelques collaborateurs de confiance travaillent sur « l'hypothèse catastrophe » suivante : Balladur, victorieux, remercie Pasqua de son inestimable soutien en lui confiant Matignon. Mais le terrible Pasqua risque alors de n'en faire qu'à sa tête, et de régner en maître, car il retrouverait dès lors le contrôle de l'appareil du RPR. « Le parti est un relais important, qui n'est pas acquis au Premier ministre, regrette un activiste balladurien. Et Pasqua, si populaire, est incontrôlable... »

Mais en face, les chiraquiens ne considèrent

---

1. Le 7 octobre 1994.

pas «Charles» comme perdu à leur cause. Comme pour s'en convaincre, certains prient : «Il faut que Charles et Jacques se réconcilient.» Et se rassurent : «Jamais Pasqua n'acceptera de faire partie de la même équipe que Sarkozy, qu'il déteste et qui lui a volé la mairie de Neuilly, en 1983. Alors que le petit Nicolas savait pertinemment que Pasqua voulait en faire son fief.»

CHAPITRE XVII

Déprime et dénonciations

Un second ministre disparaît

René Monory qui, avec cette inélégance qui lui va si bien, se déclare «psychologiquement prêt à assurer un intérim» si Mitterrand quittait la scène, a déjà constitué son cabinet élyséen. Avec tout de même plus de discrétion, les politiques et une bonne partie des journalistes tentent de connaître l'évolution du cancer présidentiel, ou le nom du prochain ministre impliqué dans une vilaine histoire.

«Le système politique risque d'exploser dans quelques mois sur fond d'affaires et de déprime des citoyens», gémit un conseiller de Chirac. Il n'a pas tout à fait tort, le risque existe même s'il en exagère la portée. L'accélération des jeux électoraux ne dépend plus seulement de la santé du Président, mais aussi de la cascade des convocations de dirigeants d'entreprise, des mises en examen ou en détention, et des articles de presse qui prouvent la pugnacité des «juges intenables».

La démission de Gérard Longuet, le 14 octobre, deux jours seulement après l'incarcération d'Alain Carignon, encore ministre trois mois plus tôt, devient l'affaire la plus tapageuse.

Depuis plusieurs semaines, l'acharnement du juge Van Ruymbeke avait fait sortir Longuet de ses gonds. Un jour, le ministre de l'Industrie tempêtait, sifflant devant les caméras qu'il n'en avait «rien à cirer». Le lendemain, il jurait qu'il ne démissionnerait pas, même s'il était mis en examen. Puis, il menaçait, en petit comité, de «casser la gueule» à Pierre Méhaignerie, ministre de la Justice.

Inquiet du caractère violent et rancunier de Longuet, président du parti républicain et l'un de ses plus ardents défenseurs, Balladur avait hésité puis insisté pour qu'une enquête préliminaire lui accorde un sursis.

Peine perdue, l'ouverture inévitable d'une information judiciaire sur les conditions d'achat de sa villa de Saint-Tropez, allait conduire Longuet à baisser pavillon. Non sans plusieurs visites à Matignon, et quelques éclats de voix. Le ministre déchu demandant, par exemple, « qui, du juge Van Ruymbeke ou de Monsieur Balladur, décide de la composition du gouvernement ».

Longuet se veut procureur

Figé sur le perron de Matignon, le soir de sa démission, et sans se départir d'une grimace de requin malade, Longuet s'était révolté : « J'ai été jugé avant même d'avoir été entendu. » Mais il n'en resta pas là. Pierre Méhaignerie entendra siffler à ses oreilles les propos de ce vindicatif sur les affaires qui pourraient bientôt concerner les centristes. Quant aux chiraquiens, que Longuet soupçonne à juste titre de se réjouir, il les aligne méchamment, vingt-quatre heures après sa démission, dans un entretien publié par *Le Républicain lorrain* :

« Sur les financements politiques du parti républicain, déclare Longuet, tous les faits évoqués sont antérieurs à la loi du 15 janvier 1990. Alors qu'on risque d'entendre parler, et notamment en ce qui concerne la ville de

179

Paris, d'affaires concernant les années 1991 et 1992[1].»

L'allusion est claire : Longuet prédit bien des malheurs à Michel Roussin, le troisième ministre en danger, voire à Jacques Chirac, dans l'enquête menée sur le financement du RPR grâce aux contrats des HLM de Paris.

Trahisons, dénonciations, rumeurs et inquiétudes, certains, dans la majorité, dépriment et réclament des tranquillisants au bon docteur Balladur. *Le Figaro*, qui a de bonnes oreilles parfois, publie ainsi les suggestions de plusieurs membres du gouvernement, favorables à un remaniement ministériel :

«Cette solution est défendue par certains ministres désireux de couper toutes les branches mortes ou *"d'arrêter tant qu'il en est encore temps la gangrène"*. Pourquoi ne pas saisir l'occasion du départ programmé de Gérard Longuet et faire taire une bonne fois pour toutes les rumeurs en se séparant des ministres dont les noms paraissent régulièrement dans les colonnes du *Canard enchaîné*[2] ? »

---

1. Le 15 octobre 1994.
2. Le 14 octobre 1994.

«*Une Marianne aux mains propres...*»

La mise en cause de Gérard Longuet n'a pas toujours été commentée avec la solidarité ou l'affection qu'il était en droit d'attendre.

Son ami Léotard jugea bon de déclarer, avec une déconcertante innocence : «La lutte contre la corruption est une belle lutte qu'il faut mener.» Son ex-ami, Philippe de Villiers, exclu du parti républicain, et s'en prenant à «la droite douteuse», clamait : «Je quitte le PR qui est le parti de Maurice Arreckx, de Michel Mouillot et de Gérard Longuet.» Quant à Giscard qui, lui, déteste depuis fort longtemps ce Longuet qui l'a trahi, il savourait sa vengeance en prêchant : «Je veux revoir une Marianne aux mains propres!»

Seul acteur du spectacle en cours à faire l'unanimité, Pierre Méhaignerie, méchamment surnommé «La limace» par ses collègues de la majorité, pour son goût des décisions remises à plus tard et son indolente énergie. «Il est complètement dépassé. On apprend les perquisitions par l'AFP», affirme Nicolas Bazire, dédaigneux. «Il est incapable de tenir son ministère et même son cabinet», constate, dans un haussement d'épaules, un autre conseiller de Balladur. «Il n'a pas vu le film», ricane un proche de Pasqua. Et de saluer le véritable homme fort de ce ministère des juges, le procureur Yves Bot, chargé de mission. Mais attention : «C'est un partisan de De Villiers qui fait son beurre sur les affaires en cours», s'inquiètent, à tort ou à raison, les gens de Balladur ou ceux de Chirac.

Balladur hésite à licencier

Ce poison des affaires, le Premier ministre lui a cherché un antidote. Le 28 septembre, puis le 14 octobre, le jour de la démission de Longuet, Balladur, entouré des fidèles Sarkozy et Bazire, s'est vu conseiller de jouer le Père la morale. Pasqua, sollicité, approuvait et réclamait même «un gouvernement de combat». Mais fallait-il se séparer des ministres qui risquaient, dans un avenir relativement proche, de voir leur nom apparaître dans un dossier judiciaire, même sans implication douloureuse ? Et former un gouvernement restreint, sans Longuet, sans Léotard, sans Madelin, sans Roussin, sans Alliot-Marie, sans Giraud, sans Michaux-Chevry ? L'avantage serait de couper l'herbe sous le pied de De Villiers, le donneur de leçons au regard d'inquisiteur, à qui, d'ailleurs, Balladur fait les yeux doux. Mais le risque était trop grand de jeter ainsi l'opprobre sur des ministres présumés innocents.

On en restera donc là. Sans garantie sur l'avenir et malgré le vœu de Balladur prônant un «nouveau contrat moral» entre élus et citoyens, le gouvernement ne repeignait pas sa façade. Aucune parade ne pouvait être envisagée, sauf peut-être la prière.

Les chiraquiens comptent alors les points : deux ministres balladuriens au tapis. «Balladur est affaibli par les affaires, déclare l'un des plus actifs. C'est le moment de cogner pour l'achever.» Chirac donne, sans hésiter, son accord explicite.

Mais à Matignon, le moral reste bon. L'œil toujours rivé sur la courbe des sondages, les lieutenants du Premier ministre font remarquer que leur héros est toujours en tête, même si la cote de Jacques Delors s'affirme. Et de conclure, dans un ricanement : «Plus le futur candidat du PS monte dans les sondages, moins Chirac a de chances aux primaires comme au premier tour.»

CHAPITRE XVIII

Arsenic et vieilles ficelles

Quand les victimes menacent

Son incarcération, survenue le 12 octobre, Alain Carignon avait cru pouvoir y échapper. Lors d'un interrogatoire estival, dans le cabinet du juge lyonnais Philippe Courroye, l'ancien ministre s'était risqué à évoquer son plan de carrière. Avec l'assurance d'un joueur de poker qui bluffe, Carignon avait lâché : « Sarkozy m'a promis qu'une fois Premier ministre, il me donnerait le ministère du Budget. » Mais la démesure du propos prêtait à sourire, et le jeune magistrat disposait de bien meilleures cartes.

En cet automne 1994, l'affaire Carignon vaut aussi de sérieux ennuis à la Lyonnaise des eaux et à Jérôme Monod, son patron : perquisitions et interrogatoires du juge Courroye, rien n'est épargné à cet ami de Chirac.

Son concurrent, Guy Dejouany, président de la Générale des eaux, vit de semblables tourments. Mais serait-ce son âge, soixante-treize ans, ou son fichu caractère – reçu à Matignon, un matin, il n'admit pas que Balladur, retardé par l'Israélien Rabin, le fasse attendre vingt minutes avant de le recevoir –, Guy Dejouany supporte mal l'inquisition des magistrats.

Très conscient de son importance et de celle de son groupe mondialement connu, ce patron de droit divin, qui a toujours fui les médias, déteste voir son nom et son visage associés à cette désagréable publicité judiciaire. Déprimé, insomniaque à en croire ses amis, il fait savoir à Balladur qu'il estime intolérable d'être harcelé pour les «gratifications» accordées par sa société aux partis et aux élus de tous bords, y compris du PC. Le message vaut menace, et c'est ainsi qu'on l'enregistre à Matignon.

Dejouany ne reconnaît plus le monde où il vit. Ironique, l'un de ses collaborateurs décrit, en le caricaturant, le climat qui règne au siège du groupe : «Dejouany et les membres de son état-major viennent au bureau avec leurs brosses à dents. Au cas où ils recevraient une convocation du juge...»

Un autre puissant personnage, Pierre Suard, patron d'Alcatel, se sent lui aussi traqué. Proche de Chirac et de Balladur tout à la fois, il se dit «lâché, abandonné» à la fureur des juges. Et ses amis, qui le savent furieux de s'être vu préférer Bouygues pour l'attribution du troisième réseau de radiotéléphone, laissent entendre qu'il serait même prêt, par dépit, à jouer Jacques Delors.

Tranquillisant pour majorité agitée

Obstination des juges et multiplication des affaires, les politiques et les industriels peuvent s'insurger, rien n'y fait. Sarkozy, Bazire et les Renseignements généraux peuvent chercher à savoir quel ministre, ou quelle personnalité, la presse va bientôt mettre en cause, cela ne sert que leur goût pour «l'information préalable». Ils n'ont guère de prise sur l'événement, et le désordre est tel qu'à Matignon on désespère, une fois encore, d'y apporter un remède.

Reste cet ultime argument en guise de tranquillisant : «Personne n'a rien à gagner à ces déballages, à gauche comme à droite. Les amis de Longuet doivent cesser de faire circuler des rumeurs sur les financements des campagnes de Méhaignerie et du CDS. Quant aux chiraquiens, ils feraient bien de se calmer.»

Avec cet appel au «calme», les lieutenants de Matignon ne se font aucune illusion. Ils ne visent pas, par là, les désagréables rumeurs colportées dans l'intention de «tuer» leur Premier ministre. Impossible de faire cesser les «on-dit» de cette espèce. La machine est lancée depuis un an, et Chirac condamnerait-il maintenant le procédé que rien n'arrêterait sa marche.

Plus simplement, on sait, à Matignon, que des «enquêteurs» cherchent à monter des dossiers contre Sarkozy, Bazire et le Premier ministre. La propriété des Balladur à Chamonix suscite notamment leur curiosité. Mais ils ne parviennent pas à déceler la moindre faille dans ses conditions d'achat.

Un gouvernement peau de chagrin

Un troisième ministre tombe avec les feuilles d'automne. Michel Roussin, ancien directeur du cabinet de Chirac à la mairie de Paris, quittera le ministère de la Coopération où chacun l'a vu virer très vite balladurien.

La sanction est sévère pour ce colonel de gendarmerie à la silhouette athlétique et aux yeux myosotis. Décrit comme un moine-soldat pourtant, cet ancien des services secrets perd pied. Du temps où il régnait, au côté de Chirac, à l'Hôtel de ville, des sommes fabuleuses destinées au RPR transitaient par son bureau. Grâce à un procédé classique : des fausses factures. Et le tout réalisé notamment au détriment des HLM de Paris.

A la fin du mois d'octobre, deux semaines avant sa mise en examen, Roussin, le moral en charpie, multiplie les appels à Chirac. Selon lui, le maire de Paris ne doit pas le laisser affronter seul cette affaire, alors qu'il a agi pour le bien du parti. Mais Roussin confie aussi son désarroi aux oreilles compatissantes de Balladur et de Bazire.

A ces deux hommes, dont il soutient les ambitions élyséennes, Roussin demande peu : un départ digne afin d'éviter, ce qui n'est guère aimable pour ses anciens collègues, toute comparaison, tout amalgame avec les démissions de Longuet et de Carignon. Enfin il annonce qu'il se défendra sans mettre en cause Chirac. Ce dont on commence à douter à l'Hôtel de ville où l'ambiance est crispée.

«Difficile d'imaginer que Chirac ne soit pas entendu comme témoin dans cette affaire», reconnaissent les plus calmes. D'autres, furieux, accusent «la bande à Balladur d'orienter» les recherches des enquêteurs. Ce que Chirac traduit, d'une formule à peine plus modérée, en s'emportant, à TF1, contre de mystérieuses «officines politiques» chargées de dévoiler à la presse les nouveaux mystères de Paris.

Mitterrand sème l'inquiétude

«Il y a chez Mitterrand une volonté de détruire», affirme un ministre au franc-parler. A sa façon, il traduit un sentiment bien partagé au sein du gouvernement et dans les entourages. Toujours cette même inquiétude, face à un vieil adversaire qui les a si souvent surpris et floués. Depuis plusieurs mois, et surtout depuis la rentrée de septembre, nombreux, dans la majorité, s'attendent à «quelque mauvais coup».

«Mitterrand a au moins deux possibilités, s'il veut faire exploser la droite, et peut-être le paysage politique tout entier», explique un autre ministre qui connaît son Mitterrand par cœur.

Selon lui, le Président pourrait prendre une

initiative européenne. «Quelque chose qui irait dans le sens de l'intégration et de la défense commune», précise-t-il. Même s'il ne s'agissait que d'un ballon d'essai, toute idée nouvelle représente un piège pour la droite. Et Delors en profiterait.

Mais Balladur et son équipe craignent bien plus une dissolution de l'Assemblée. «Il est possible que la gauche reprenne des forces, et que nous perdions quatre-vingts ou cent sièges de députés, poursuit le même expert en mitterrandisme. Nous aurions toujours la majorité, mais le résultat apparaîtrait comme une sanction. Le Président désignerait alors un nouveau chef de gouvernement : Barre, par exemple, qui n'attend que cela. Balladur serait oublié, et Chirac remis en selle. C'est que pour Delors, un Chirac est plus facile à battre qu'un Balladur. Et voilà qui peut séduire Mitterrand.»

Cette affreuse dissolution, tous y pensent, tous la redoutent et tous jurent que Mitterrand «l'envisage sérieusement». D'ailleurs, certains proches de l'Elysée distillent la menace lors de dîners en ville.

L'anxiété est telle qu'à la mi-novembre, lors du sommet franco-africain de Biarritz, Balladur, n'y tenant plus, pose la question de confiance au

Président. Mitterrand, qui a peut-être en tête le mot de Gladstone – «Il n'y a qu'un moyen de triompher de ses adversaires politiques, c'est de leur survivre» –, rassure avec hauteur le Premier ministre : il ne dissoudra pas l'Assemblée. Balladur peut donc encore dormir tranquille pendant quelques semaines.

Quant à Mitterrand, il trouve dans le temps qu'il lui reste à régner, le plaisir de constater qu'on le craint encore un peu.

«Le Président n'aime personne, estime un ministre qui joue les docteur Freud au RPR. Il n'aime pas Delors. Il déteste autant Balladur que Rocard. Il méprise Chirac. Il n'est préoccupé que par son destin. Je crois qu'il veut rester le seul, dans ce siècle, à incarner le succès de la gauche.»

CHAPITRE XIX

Chirac sort de la « citadelle »

Des phrases qui disparaissent

Faute de grands projets à défendre, Chirac et Balladur communiquent par médias et colloques interposés. Le 22 octobre, le maire de Paris profite d'un forum, à la Sorbonne, pour accuser implicitement le Premier ministre de « mauvaise foi » lorsqu'il « essaie de transférer sur la majorité des problèmes (...) de comportement internes au gouvernement ».

Réplique de Balladur, deux jours plus tard, dans un entretien avec Georges Suffert, publié par *Le Figaro*. Le Premier ministre revient sur l'attitude de Chirac lors de la bataille monétaire de l'été 1993, la déplore, et c'est le seul moment où ses déclarations tranchent sur la fadeur générale du propos : «Je pense qu'il partageait ma volonté de tenir bon, mais il s'est tu pour ne mécontenter personne au RPR. Jacques, depuis longtemps, est réfugié dans son parti comme dans une citadelle. Est-ce bien l'esprit de la Vᵉ République? »

A Matignon, on regrette – mais tout bas – ces deux phrases imprudentes, qui provoquent un tollé dans la majorité. Pierre Mazeaud, le premier, étale son indignation : «On est en droit d'attendre d'Edouard Balladur un minimum de décence à l'égard de Jacques Chirac et du RPR qui est aussi son parti.»

«Suffert enregistrait et Balladur a lâché cette phrase sans imaginer qu'elle serait publiée. C'est un malentendu», soupire, pour la défense de son chef, un activiste de Matignon. Mais un autre objecte que ce malentendu n'a peut-être rien d'innocent. Suffert s'est toujours montré très chiraquien. Et Bazire, furieux, fait savoir au *Figaro* sa contrariété.

En revanche, d'autres phrases de Balladur ont disparu de cet entretien. Un passage fort désagréable pour le Président, décrit comme généralement absent, hors-jeu et le laissant faire. Avec ce commentaire assassin, qui a fait peur aux gens du *Figaro* : Balladur comparait Mitterrand à de Gaulle qui, lui, a su partir «avant le naufrage».

«Je sais que je l'emporterai»

Les imprudences verbales de Balladur sont le signe d'une trop grande confiance en soi. «Je sais que je l'emporterai», répète-t-il souvent, avec cette arrogance tranquille qui fait son charme. En petit comité, l'homme se libère et se répand en propos cruels sur Chirac, son comportement insensé, son excitation maladive, ses insuffisances mentales. A l'en croire, son rival n'a pas seulement des faiblesses, mais surtout des petitesses. Bref, il ne possède aucune des qualités nécessaires à un Président, ni même à un Premier ministre.

Ces attaques s'expliquent-elles seulement par la suffisance innée du personnage? Ou leur violence prouve-t-elle que les rumeurs malsaines venues de l'Hôtel de ville et du RPR l'ont profondément blessé? Si Chirac n'est pas lui-même à l'origine de ces calomnies, Balladur ne peut s'empêcher de remarquer que le maire de Paris n'a rien fait pour faire taire ces amateurs de coups bas.

Chirac, lui, se concentre sur un «procès en trahison» dont il est la victime. La trahison d'un homme qu'il estime «avoir fait», et à qui «il a tout donné». Autant peiné que froissé dans son amour-propre, il s'en veut de sa «méprise».

Déloyal et renégat, «Balladur ne respecte pas le pacte», geignent les chiraquiens. Ce fameux pacte, détaillé avec nostalgie par Chirac comme une «stratégie commune» avec Edouard, ce Judas, a-t-il seulement existé? «Jamais! proteste un proche du Premier ministre. On ne se partage pas l'Elysée et Matignon comme on découpe un gâteau. Ce serait indigne, inimaginable!»

Un procès en trahison?

Chirac et Balladur seraient-ils de pâles imitateurs de Clausewitz – «Dans un exercice aussi périlleux que la guerre, les erreurs dues à la bonté d'âme sont précisément les pires»?

«Toujours la même rengaine de Chirac! soupire, en levant les bras, un vieux routier du RPR. Il pense encore que Balladur lui doit tout, qu'il l'a fait député, ministre des Finances, puis Premier ministre. Mais c'est faux tout ça! On pourrait aussi dire que Balladur en a fait plus que n'importe qui pour Chirac : il lui a apporté des idées. Et des idées, Chirac n'en a jamais eu beaucoup... »

« Chirac a été fabriqué de toutes pièces, déclare, railleur, en novembre 1994, une vedette du RPR. Et avec l'épreuve du temps, je peux dire qu'il n'est pas plus fait pour être le champion du gaullisme que moi celui du radicalisme... »

L'aversion de Balladur pour Chirac ne connaît plus de limite. Sans pitié, il lâche à sa garde rapprochée : « Chirac est peut-être d'une bonne taille, mais ce n'est sûrement pas de celles qui font les hommes d'Etat. Intellectuellement, il est trop dépendant. »

La précipitation d'un candidat

Le 4 novembre 1994, Chirac se déclare enfin candidat. « Il le fallait, confie un de ses fidèles. Il était en voie de marginalisation dans les sondages, il lui fallait reprendre l'initiative. »

Mais les premières déclarations du candidat Chirac sont quelque peu saugrenues, désordonnées. Il lance tout d'abord, le 6 novembre, l'idée d'un référendum sur la monnaie européenne. Ce qui provoque, le lendemain, une baisse du cours du franc du plus mauvais effet. Quelques jours plus tard, dans la *Tribune*, il nuance cette proposition. La semaine suivante, il fait du chômage sa priorité avant de changer encore d'avis au bénéfice de la défense du franc. Sans doute après d'intenses journées de réflexion dans sa cellule présidentielle où Claude Chirac joue les premiers rôles.

La grand-messe chiraquienne, prévue le 12 novembre, à Reuilly, tourne à la catastrophe. Séguin déserte, qui se désole, le soir même à la télévision, des divisions fatales de la majorité. Défection aussi de Pasqua, dont la présence par l'image, sur l'écran géant de la réunion, est copieusement sifflée.

Président par intérim du RPR, Juppé, en dépit de toutes les affectueuses attentions de son patron, ne cache pas sa déception : « Passé l'effet d'annonce, ça patine pour Jacques, confie-t-il. La machine n'est toujours pas sur les rails. »

CHAPITRE XX

Manœuvres en Balladurie

Un Figaro très demandé

Harcelé par les activistes des deux camps de la majorité, *Le Figaro* ne sait toujours pas à quel saint candidat se vouer. L'impétueuse Claude Chirac décroche souvent son téléphone pour protester, pour proposer un entretien avec son père, ou avec un membre de sa cellule présidentielle.

A Matignon aussi, on lit *Le Figaro* d'un œil soupçonneux. «C'est rarement un exercice agréable», grimacent les conseillers de Balladur. Nicolas Bazire entre alors en concurrence avec Claude Chirac. Rien n'échappe à ce fidèle lieutenant qui se plaît à dire, avec le détachement d'un vieux corsaire : «Mon expérience d'officier de marine me permet de naviguer dans des eaux plus traîtres[1].» Et, au bout du fil, par sa voix, c'est le susceptible Balladur qui se plaint d'un article, d'un titre ou d'un commentaire déplaisant. Avec l'habituelle litanie : «De nombreux journalistes du *Figaro* sont des chiraquiens militants...»

Pure vengeance et offensive de charme auprès du quotidien rival, le 7 novembre, Balladur publie un long article dans *Le Monde*. Le même jour, Chirac accapare plusieurs colonnes du *Figaro*. Mais rien qui n'incline à l'indulgence, ces deux textes ne méritaient pas tant de papier imprimé.

Les compliments de Le Pen

Depuis ce jour de novembre 1993 où Nicolas Bazire lui avait téléphoné pour l'avertir que le Front national recevrait bientôt les fonds correspondants à l'aide publique aux partis, Le Pen pense que Balladur veut le ménager. Impression confirmée depuis, le Premier ministre s'étant tou-

---

1. Entretien publié dans le numéro de janvier 1994 de la revue *Armées d'aujourd'hui*, éditée par le Service d'information et de relations publiques des armées (Sirpa).

jours abstenu de traiter en paria le Front national et son chef.

Fiérot, Le Pen s'en montre reconnaissant : «Je ferai la peau à Chirac, en appelant à voter Balladur au second tour», promet-il à ses rares confidents. Parfois, bon prince, il accorde aussi quelque crédit à Pasqua : «Charlot pourrait se présenter, il a ses chances...»

Pour le plaisir, et pour prouver qu'il compte encore malgré les rumeurs sur sa combativité émoussée, le patron du FN rend publique son inclination naturelle. A *L'Heure de vérité*, le 13 novembre 1994, puis neuf jours plus tard, lors d'une conférence de presse, Le Pen ne tarit pas d'éloges sur Balladur. Cet «honnête homme», «courtois et correct», dit-il, «n'a pas eu l'occasion de faire financer ses campagnes par la corruption», alors que Chirac, lui, se voit accusé de ne pas connaître les mêmes scrupules[2]. Puis, revenant à ses fantasmes, Le Pen conseille aux candidats parisiens de son parti de s'en prendre aux «cosmopolitisme délirant» du maire de la capitale, lors des prochaines élections municipales de juin 1995.

----

2. Le maire de Paris annonce aussitôt qu'il engage une action en diffamation contre Le Pen.

Intrigues autour du dossier Tapie

Une même ambiguïté a souvent présidé aux relations de Matignon avec Bernard Tapie. En septembre 1993, cinq mois après la formation du gouvernement, l'avenir de cet acrobate politique semblait déjà compromis. Evoquant le dossier fiscal de l'Olympique de Marseille, Nicolas Sarkozy confiait à la ministre des Sports, Michèle Alliot-Marie : « On le tient, le Tapie. »

Un mois plus tard, il n'était pourtant plus question de sévir. Sarkozy se déjugeait et demandait au trésorier-payeur général des Bouches-du-Rhône de faire preuve d'indulgence à l'égard du célèbre club de football. Et de laisser à Tapie le temps de régler les quelque 84,5 millions de dettes fiscales et sociales de l'OM. Sitôt connue, cette clémence fiscale laissa sans voix deux des adversaires de l'homme d'affaires : Jean-Claude Gaudin, président UDF du Conseil régional, et Renaud Muselier, le jeune député RPR aux ambitions toujours accompagnées d'un sourire.

En 1994, le 20 juin, bien que poursuivi depuis des mois par quelques magistrats attachés à sa perte, Tapie était reçu par Balladur. « J'ai senti passer un courant de sympathie», confiait aussitôt le député-homme d'affaires à ses proches.

Forçait-il la note comme à son habitude? Ou les 12 % obtenus par sa liste aux élections européennes impressionnaient-ils à ce point le Premier ministre? Toujours est-il que Balladur fit savoir qu'il désapprouvait la fantasia judiciaire et l'irruption, à l'aube du 29 juin, des hommes de la brigade financière dans l'hôtel particulier et jusque dans la chambre de Bernard Tapie.

Ambiguïté encore quand, le 30 novembre 1994, le tribunal de commerce place les sociétés de Tapie sous le contrôle d'un administrateur judiciaire. Décision qui éveille bien des soupçons car elle n'interdit pas au député de se porter candidat à l'Elysée. Sarkozy et Bazire sont censés avoir fait pression sur les magistrats, et accusés de pratiquer ce jeu pervers qui permettrait à Tapie de participer à la course élyséenne, et d'affaiblir ainsi la position de Jacques Delors au premier tour[3].

---

3. Une accusation que *Le Point* et *Le Monde* formulent les 3 et 4 décembre 1994. Un démenti de Sarkozy se révélant insuffisant, Balladur monte lui-même en ligne. A TF1, le 5 décembre, il qualifie de «stupide» cette accusation. Ajoutant: «Si je comprends bien je me donnerais les moyens de protéger un ministre des gouvernements précédents (...) et je ne me donnerais pas les moyens de protéger les ministres qui ont dû quitter mon gouvernement.»

« C'est Méhaignerie et sa bande qui font courir ces bruits, dit-on à Matignon. Ils ont par ailleurs osé nous demander de téléphoner au président du tribunal de commerce pour lui dire qu'il était libre de ses décisions... »

Onze jours plus tard, l'abandon de Delors, pourtant béni par les socialistes et béatifié par les sondages, ne lave pas l'équipe Balladur du soupçon. Car après un appel du parquet de Paris, le même tribunal de commerce prononce, le 14 décembre, la « liquidation judiciaire personnelle » des époux Tapie et, par voie de conséquence l'inégibilité du couple, couvert de dettes et de reproches.

Ce subit revirement des magistrats s'explique en partie par la découverte un peu tardive d'une expertise judiciaire, selon laquelle le train de vie des Tapie – quarante-sept millions par an, au bas mot – était inversement proportionnel au déficit d'une de leurs sociétés. Déficit généreusement comblé, et pendant plusieurs années, par le Crédit lyonnais.

Chiffres incontestables et verdict sévère, le vent tourne : Delors absent de la compétition, Matignon et Sarkozy ne se soucient plus guère du sort de Tapie.

Juppé crie «Halte au feu!»

Alain Juppé, qui méprise Sarkozy autant qu'il déteste Pasqua et Séguin, ne doute pas que Matignon ait, au moins un temps, voulu épargner Tapie. Un jeu politicien qui, à l'entendre, «porte encore atteinte à la crédibilité du gouvernement», affaibli par les démissions de trois ministres.

Mais c'est plutôt la crédibilité de Chirac qui obsède Juppé. «Je refuse le terrorisme des sondages», dit-il au *Figaro* et au *Monde*. Puis, comme il ne tient pas à limiter son rôle à la critique des chiffres, le patron du Quai d'Orsay feint de croire possible que Balladur et le maire de Paris se rencontrent, définissent une règle du jeu et cessent de se détruire l'un l'autre.

Dérisoire, son «Halte au feu!» n'occupe qu'une demi-ligne du *Figaro*. C'est dire s'il sera entendu.

CHAPITRE XXI

Chirac s'en prend aux bourgeois

Un candidat serein

« Chirac est étonnant en ce moment », s'émerveille l'ancien Premier ministre Couve de Murville, le 30 novembre, après la prestation du maire de Paris devant le groupe RPR du Sénat. « Sauf à penser qu'il est complètement fou, remarque un témoin, Jacques doit avoir ses raisons d'afficher une telle confiance. » Des raisons fort mystérieuses, vu son début de campagne calamiteux.

Cinq jours passent et, sur le bateau *Louisiana Bell*, Chirac réunit les apparatchiks du RPR pour leur faire ses adieux de président du mouvement et présenter ses vœux de candidat. C'est le 5 décembre, le dix-huitième anniversaire de la création du RPR. Souriant à belles dents, le maire de Paris serre toutes les mains, remercie chacun pour son travail, prononce un discours de vainqueur et reçoit un cadeau.

Les invités se sont cotisés pour lui offrir une veste, du genre caban. Radieux, Chirac la passe aussitôt et remercie tous ces maladroits. La scène, rapportée à Pasqua le fera méchamment ricaner : «Et il l'a mise, la veste!»

Mais rien n'est perdu, et une rumeur court la mairie de Paris : «Le grand» va bientôt cogner, s'en prendre à ce «menteur», ce «traître», ce «bourgeois» de Balladur, et à la «stratégie de mort» des snipers de Matignon.

La «lutte finale» est avancée

«La campagne de Chirac sera une campagne antibourgeoise», clame Pierre Lellouche en quittant la péniche à bord de laquelle le maire de Paris a réuni deux cents parlementaires RPR, le 14 décembre.

Et le plus fabuleux, le plus bouffon aussi, c'est que la prédiction se vérifie. A Lyon, dans les rues de Villeurbanne puis de Givors, comme à Eurexpo face à quatre mille militants ravis ou médusés, Chirac en fait des tonnes.

Il exalte «la France qui travaille», l'opposant à «la France des palais nationaux et des quartiers bourgeois», aux «élites enfermées dans un mode de pensée dépassé», et aux «banquiers» qui ne pensent qu'à spéculer. Il s'en prend au candidat qui, face à lui, serait le «défenseur de la politique des nantis» et fustige le «conservatisme», «les ors de la République dont il faut s'éloigner». Sans doute touché par la grâce, Chirac s'inquiète des «banlieues en révolte et en sécession» et jure de défendre les «exclus»...

Philippe Séguin, le premier, l'a encouragé dans cette voie, et convaincu que «l'élection présidentielle se gagnera à gauche». Pierre Lellouche, qui a remis à Chirac plusieurs notes sur les banlieues à l'abandon, a peut-être été lu. Mais, de l'avis général, l'égérie de la campagne a toujours nom Claude Chirac. On lui doit cette étonnante image du père «pourfendant le capital [1]». Maurice Ulrich, le fidèle briscard s'en dé-

---

1. Une note rédigée par Emmanuel Todd pour la fondation Saint-Simon a sans doute exercé aussi quelque influence sur la démarche de Jacques Chirac. Son auteur y décrivait notamment la «fracture sociale» entre élites et milieux populaires.

sole : «C'est elle qu'il écoute, c'est elle qui compte. Parfois, quand je lui parle, Jacques regarde ailleurs ou prend son téléphone pour appeler quelqu'un.»

C'est dire si l'ancien zélateur de Reagan et de Thatcher, converti par l'abbé Pierre, est capable de rédemption. A moins que l'explication ne soit plus courte : «Chirac n'a jamais eu beaucoup d'idées. Il compte sur les autres, affirme l'un de ses vieux compagnons du RPR. C'est d'ailleurs pour ça qu'il change souvent d'opinion.»

Populiste recherche électeurs

Cette subite conversion au discours d'Arlette Laguiller d'une droite bonapartiste qui se dit sociale, est présentée comme «un retour aux sources du gaullisme populaire». La formule est farce, même si, à Matignon comme chez Pasqua, après avoir ricané, on s'inquiète tout de même un peu de ces diatribes populistes.

«Présenter ainsi Balladur, s'inquiète un conseiller du Premier ministre, comme la réincarnation de Louis XV, voire comme un bourgeois lié à de grands groupes financiers peut, à force, lui porter préjudice.»

Indifférents à ce langage de «lutte des classes», les plus malveillants font remarquer – et ils n'ont pas tort – que le propos serait plus convaincant si Chirac ne tenait pas la mairie de Paris depuis dix-huit ans. Et s'il n'avait pas pratiqué une politique immobilière qui favorisa la spéculation dans cette ville aujourd'hui parsemée d'appartements et de bureaux vides. Quant à sa critique des élites et des technocrates, elle serait moins dérisoire si l'état-major du RPR n'était pas un repaire de ces malheureux désormais cloués au pilori par leur chef.

Ces dérapages sémantiques, s'ils doivent beaucoup à Claude Chirac et à l'air du temps, n'en révèlent pas moins la fragilité d'un personnage en panne d'idées et en quête d'électeurs. L'abbé Pierre n'en sera pas qui, furieux de voir Chirac tenter de récupérer sa campagne en faveur des SDF, le déclare «incapable de gouverner la France».

Pasqua a quelques années d'avance sur le vieux prêtre à cape noire. En janvier 1988, à quelques semaines de la campagne présidentielle, il doutait déjà, et confiait à quelques intimes : «J'aime bien Chirac, mais je ne le souhaite pas pour diriger mon pays. Il n'en est pas capable.»

A l'époque, ce triste constat n'empêcha pas

Pasqua de se démener méchamment pour installer à l'Elysée cet «incapable» qu'il comptait seconder, sinon guider, pour éviter le pire...

Sept ans plus tard, en décembre 1994, enfin libéré de tout devoir de réserve, Pasqua se montre bien plus cruel : «Chirac me reproche de ne pas le soutenir... Mais je ne peux pas faire élire n'importe qui!»

CHAPITRE XXII

Tous en scène

Sans Delors, tout devient permis

Quand, sur la scène politique, les programmes sont vides de sens, les idées trop courtes et les acteurs sans talent, le spectacle se réduit, pour les uns, à un affrontement de cabots et, pour les autres, à une bagarre de spadassins. Chacun cherchant, dans la coulisse, à poignarder l'adversaire avant de paraître en public et de se prétendre le meilleur.

En ce début de janvier 1995, débarrassés de la menace Delors, les candidats de la majorité retrouvent leurs mauvais penchants et ne craignent plus de s'étriper. A la mairie de Paris, on accuse Matignon d'hypocrisie et de «non-intervention» dans l'affaire des HLM et des financements du RPR qui risquent de mettre en cause Chirac.

«Si le juge Halphen, qui a déjà mis en examen Michel Roussin, décidait de convoquer Jacques Chirac, et de l'entendre comme témoin, vous imaginez le tableau?» ironise un ami de Mitterrand, le visage fendu d'un large sourire.

Mais l'artillerie de campagne présidentielle utilisera d'autres munitions que les dossiers des «juges intenables», et dans la maison Balladur, chacun s'attend aux pires agressions.

L'échappé du peloton

Après vingt et un mois passés en tête des sondages, Balladur bénéficie d'un statut de candidat placide, rassurant et fort convenable pour une société molle, sans idéal ni ambition, à l'image d'une bonne partie de l'électorat. Au détour d'une conversation, l'homme de Matignon en convient d'ailleurs, et sur un ton fort peu gaulliste: «La France est un si petit pays», dit-il en forme d'excuse, le 27 novembre, à un groupe d'intellectuels venus lui demander de réagir, lors d'une offensive serbe contre Bihac.

Mais qu'importe une formule maladroite, heureusement réservée à un public restreint, quand les sondages vous procurent l'ivresse d'une victoire annoncée. A Matignon, l'analyse de toutes ces enquêtes d'opinion, dont les médias sont si friands, mobilise plusieurs experts.

A l'aube de 1995, selon l'un d'eux, le Premier ministre ne peut que l'emporter. Il a plusieurs longueurs d'avance : «Les quatre piliers de son électorat, dit-il, sont les catholiques qui auraient pu voter Delors, les épargnants séduits par l'emprunt Balladur, les plus de soixante ans, les membres des professions indépendantes et les employeurs.»

Voilà qui ne fait pas très «peuple», comme disent les gens de Chirac. Lesquels espèrent toujours voir la machine Balladur connaître des ratés, à l'approche du scrutin, malgré cette assurance tous risques accordée sans ambages par les sondeurs. Et c'est vrai qu'à Matignon, l'adversaire s'inquiète à l'idée de ces rumeurs venimeuses qui courent toujours, et du procès en trahison que Chirac promet d'instruire.

«Ce sont des écorchés vifs, les conseillers de Balladur, ironise un conseiller de Mitterrand. Dès qu'un type vient leur chuchoter une mauvaise nouvelle, ils ne savent comment réagir, ils n'ont pas de parti, pas de réseaux. Ils fonctionnent en équipe réduite. A vrai dire, à trois : le Premier ministre, Bazire, Sarkozy, pas plus... Matignon a tout de la citadelle inexpugnable peut-être, mais encerclée. »

Cette mentalité d'assiégé explique sans doute la crainte, injustifiée mais encore présente à l'automne 1994, que Pasqua ne tourne casaque et rallie Chirac. Ou, en décembre, les propos trop inquiets des lieutenants de Balladur à l'idée d'une possible candidature de Martine Aubry, la peu souriante fille de Jacques Delors.

L'atout Pasqua

« Moi, je ne me présenterai pas, grogne Pasqua, en réponse à une journaliste qui lui rend visite au lendemain du retrait de Delors. Ma femme et mon fils ne le souhaitent pas non plus. Ça, c'est l'idée de la porte à côté. » Et, d'un coup de menton, il désigne le bureau de son conseiller, l'influent William Abitbol.

Pasqua absent de la compétition, son appui vaut très cher. Populaire, redouté ou détesté, c'est selon, il peut apporter en dot ses réseaux d'influence, en France, et d'amitiés à l'étranger.

«Mais Charles ne soutiendra pas Balladur sans un engagement ferme, croit savoir un ami du ministre de l'Intérieur. Dès le début de la campagne, il faudra que ce soit bien clair : Balladur Président, c'est Pasqua à Matignon.»

Au Premier ministre, qui connaît les termes du marché, de savoir ce qu'il décidera. Et ce qu'il devra imposer aux centristes, peu sensibles aux charmes d'un Pasqua Premier ministre.

Mais rien n'est jamais simple dans un couple de politiques. A la Noël 1994, par exemple, lors de la capture de l'Airbus d'Air France à Alger, le duo Balladur-Pasqua a fait entendre quelques fausses notes. Après la libération des otages par le GIGN, le Premier ministre, face aux caméras, s'attribuait un peu vite la responsabilité et le seul mérite de la réussite de l'opération, tandis que son partenaire semblait compter les mouches au plafond.

Peu enclin à jouer les seconds rôles, Pasqua convoquait les télévisions, dès le lendemain, et retrouvait sa place, en première ligne, pour un succès à partager avec son associé Balladur.

L'alliance de ces deux vedettes des sondages suffira-t-elle pour gagner l'Elysée? Pas sûr, dit-on chez Pasqua, où l'on rencontrait encore quelques pessimistes, à la fin de l'année. «Si la majorité s'éparpille et présente quatre ou cinq candidats, calculait l'un d'eux, la gauche peut nourrir quelque espoir. Prenez par exemple Chirac, Balladur, Barre, Le Pen, et peut-être même Philippe de Villiers, tous candidats... Si Le Pen fait 14 %, combien reste-t-il pour les quatre autres? 40 % en gros, car les écolos vont faire quelques points... Faites les comptes, la gauche est présente au second tour! Et il y aura du déchet alors à droite...»

Mieux vaudrait donc ménager de Villiers, et Balladur comme Pasqua s'y emploient, avec force sourires et complaisances.

Seul obstacle à la formation d'un «ticket» à l'américaine Balladur-Pasqua, l'irruption soudaine d'une grave crise sociale, politique ou internationale. Dès lors, et ses partisans en seraient ravis, Pasqua pourrait entrer dans l'arène. On ne se prive pas de l'y encourager, sondages à l'appui. En novembre 1994, une nouvelle enquête des Renseignements généraux sur la popularité des hommes politiques le plaçait en tête, devant Balladur et Delors. Mais ce grand modeste avait interdit d'en faire connaître à quiconque le résultat. Sans doute pour ne vexer personne.

Rien à craindre : aucune crise ni aucun tremblement de terre n'est annoncé, affirment les augures de Matignon. Ce qui ne les empêche pas de toujours considérer avec appréhension cet allié dont ils ont tant besoin, et qu'ils ne se lassent pas d'attendre.

Le « candidat naturel » à l'affût

Le virage « à gauche » de Chirac ne galvanise pas tous ses fidèles, loin de là. Ses réactions irréfléchies, incohérentes parfois, désespèrent les plus fervents. Notamment lorsqu'il continue, malgré les conseils, à parler du chômage, du franc ou des déficits publics, en leur attribuant chaque fois un ordre différent dans « les priorités de ses priorités ».

Au sein de sa cellule présidentielle, certains avouent avoir quelque peine à suivre, tandis que les deux grosses têtes irréconciliables, Séguin à la gauche de Chirac et Juppé à sa droite, se demandent en combien de morceaux leur cher RPR pourrait exploser.

Mais le combat pour l'Elysée peut se dérouler ailleurs, dans les terrains vagues, aux frontières de la politique convenable. De petites équipes chiraquiennes cherchent les dossiers sulfureux qui pourraient faire chuter tel ou tel membre de l'équipe adverse, voire son capitaine Balladur, si la chance souriait.

Aux enquêtes passées, et restées sans résultat, sur les conditions d'achat de la villa de Chamonix du Premier ministre, s'est ajoutée l'idée de découvrir quelque mystère dans une des sociétés que Balladur a présidée jusqu'en 1986. A savoir, la Générale de service informatique, filiale d'Alcatel, qui fut soudain vendue à ses cadres supérieurs, à l'automne 1987, peu après la privatisation du groupe. Des recherches menées avec les précautions d'usage : on se montre discret au téléphone, on préfère déposer un mot dans la boîte aux lettres de son interlocuteur, on s'inquiète d'éventuelles filatures.

Chirac ignore peut-être le rôle obscur de ces militants qui, faute de pouvoir lui dégager la route, minent celle de l'ennemi. Mais si le succès devait couronner les efforts de ces soldats de l'ombre, le maire de Paris ne leur en voudrait sans doute pas trop.

Pareille détermination ne devrait pas surprendre. C'est la dernière campagne de Chirac, sa dernière chance, et ses plus farouches partisans ne veulent pas la laisser passer. Pour un peu, on jugerait presque anodin, ce qui n'est pas l'opinion de Balladur, le procès en trahison qu'il ne pourra éviter.

Le Premier ministre doit se souvenir de la présidentielle de mai 1981 et du mauvais coup porté alors à Giscard. Au second tour, alors que le RPR lui apportait en principe son soutien, certains néo-gaullistes encourageaient les électeurs à s'abstenir ou même à voter Mitterrand, tandis que d'autres égayaient d'autocollants en forme de diamants les affiches de l'homme à abattre. Alors pourquoi pas, en 1995, au premier comme au second tour, des bandeaux vengeurs, barrant les panneaux électoraux de Balladur avec une formule du genre : «On ne peut pas confier la France à un homme qui trahit ses amis»?

Le perturbateur tranquille

A petits pas, Raymond Barre s'achemine vers une probable déclaration de candidature. Et l'idée de troubler un jeu qu'il estime médiocre et pratiqué par des incapables, le réjouit grandement.

En novembre 1994 déjà, l'ancien Premier ministre de Giscard avait confié à un ami suisse qu'il envisageait d'annoncer son entrée en compétition à la mi-février. Mais pourquoi pas plus tôt si les circonstances s'y prêtent? Le 21 décembre, dix jours après la défection de Delors, Barre déclarait au *Figaro* : «Lorsqu'on peut servir son pays, on n'a pas le droit de se dérober.»

Ce ton sentencieux, bien dans la nature du personnage, ne pouvait que satisfaire l'Elysée, où Barre a porte ouverte dès qu'il le souhaite. Reçu par Mitterrand, et discrètement parfois, ce vindicatif ne rate jamais une occasion de dire ce qu'il pense des dirigeants du RPR, toujours traités de «voyous», à quelques individualités près.

C'est dire si, dans la Cour élyséenne, on apprécie sa «capacité de nuisance». Et, faute d'avoir pu miser sur Delors, le Président et ses conseillers aimeraient bien pouvoir épauler, s'il se porte candidat, «ce radical de droite, pas à cheval sur la morale catholique», comme on entend dire à l'Elysée. Mais difficile d'apporter un appui à Raymond Barre, en direct, devant les caméras. Mieux vaut rester discret : à gauche, ce «Père-la-rigueur» a laissé trop de mauvais souvenirs lorsqu'il régnait à Matignon, de 1976 à 1981.

Balladur, lui, ne s'alarme pas. Il l'a dit à Bazire, Sarkozy et quelques autres : dans son bureau de Matignon, en tête à tête, Barre s'est engagé à ne rien faire qui favoriserait l'élection de Chirac. «Il le méprise trop», se réjouit le Premier ministre. Mais cette assurance ne vaut que pour le premier tour.

Chirac devra-t-il donc affronter une sorte de «Triple Alliance», non déclarée bien sûr, réunissant Mitterrand, Balladur et Barre? Possible, mais à l'Elysée, on ne croit pas que le maire de Paris puisse être présent au second tour. Aussi, aux premiers jours de janvier 1995, certains font-ils un rêve un peu fou, en imaginant une autre coalition, contre Balladur cette fois.

Pour que ce désir prenne corps et ne finisse pas au cimetière des fantasmes inassouvis, il faut d'abord que Barre accomplisse un fameux exploit, qui paraît impossible : passer le premier tour et se retrouver face à Balladur. Grâce à la multiplicité des candidatures, l'espoir est permis, affirme un conseiller du Président, après de savants calculs. Ensuite, lors du duel final, le coup serait jouable, à l'en croire.

«Les chiraquiens ont une telle haine pour Balladur, dit-il, qu'ils voudront le punir et lui barrer la route de l'Elysée en faisant voter Barre.»

Mais pour que ce candidat béni par l'Elysée remonte son lourd handicap et l'emporte, il fau-

drait encore décider un grand nombre d'électeurs socialistes à glisser dans l'urne un bulletin à
son nom.

Alors cet optimiste poursuit sa prédiction :
«J'attends avec impatience les convulsions du second tour, lorsque les dirigeants du PS feront
semblant de ne pas s'alarmer du programme li-
béral de Raymond Barre. Ils diront qu'il faut
faire échec au conservatisme, c'est-à-dire à Balladur, et tout le monde comprendra comment
voter...»

Tous en scène donc. Mais si la pièce promet
de faire recette, et si les acteurs ont bien répété
leur rôle et affûté leurs couteaux, le texte qu'ils
vont servir n'est pas d'une qualité évidente. Qu'importe, les spectateurs se contenteront de peu.

Les ambitions, les querelles d'appareil et les
manœuvres subalternes ont toujours eu cours,
sous toutes les Républiques. Mais cette fois, le débat est tombé bien bas. Pourtant, viser plus haut
n'exigerait pas de battre des records d'altitude.

On ne s'oppose pas pour des idées, mais pour
des sondages. Et l'on ne se bat plus pour faire
triompher un programme, mais pour s'asseoir
dans un fauteuil.

CHAPITRE XXIII

Encore un effort...

A quelques semaines de l'ouverture officielle de la campagne présidentielle, la drogue des sondages fait toujours des ravages, sans calmer le prurit des candidats déclarés, ou en attente, qui se gavent de pourcentages réjouissants ou fâcheux, et des commentaires paresseux des médias.

La fameuse rumeur continue de courir, jusqu'en province, mais cela ne saurait suffire. Premier signe, des lettres anonymes commencent à circuler. Un bulletin paraît et, pour forcer le destin sans doute, ses auteurs masqués lui ont donné pour nom «La Guillotine». Un article y est consacré à Balladur, taxé de «fils d'épicier» qui ne connaît rien au gaullisme, de «parvenu»

225

buvant «son champagne avec un glaçon» et de «bourgeois (...) digne héritier des fusilleurs de la Commune». Formule curieusement accolée à une citation du général de Gaulle.

Mais dans le «Nid de serpents», d'autres jouent plus fin. Ceux, par exemple, qui ont exploré, probablement de nuit, l'armoire vitrée du secrétariat de Nicolas Bazire, et dérobé un dossier personnel avec ses bulletins de salaire depuis 1988[1]. Ou, et toujours avec la même «cible» en vue, ceux qui cherchent un petit actionnaire de Thomson – «il faut trouver un militant en béton», précise un gaulliste connu – et lui faire porter plainte contre Bazire pour «abus de biens sociaux». Jusqu'en mars 1993, en effet, le futur directeur de cabinet, bien que salarié de Thomson, passait déjà l'essentiel de son temps à travailler pour Balladur, au 215 bis boulevard Saint-Germain. Des bureaux fournis alors, contre un loyer modeste, par une filiale du groupe Alcatel, la Compagnie immobilière méridionale.

Encore un effort, et si chacun y mettait du

---

1. Ce cambriolage, découvert après l'été 1994, n'a pas dû être commis par une seule personne. L'étage du Premier ministre, à Matignon, est en principe placé sous surveillance permanente.

sien, la plupart des candidats devraient expliquer leurs relations avec certaines entreprises devant quelque «juge intenable». Le risque existe, car le garde des Sceaux, Pierre Méhaignerie, est souvent accusé par ses pairs de «ne pas savoir tenir ses magistrats».

Paris, le 15 janvier 1995

TABLE

Cet ouvrage a été réalisé par la
SOCIÉTÉ NOUVELLE FIRMIN-DIDOT
Mesnil-sur-l'Estrée
pour le compte des Éditions Grasset
en janvier 1995

Imprimé en France
Dépôt légal : janvier 1995
N° d'édition : 9653 - N° d'impression : 29681
ISBN : 2-246-48221-6